Investir dans les crypto-monnaies

*Du débutant à l'investisseur :
Un manuel complet pour investir avec
succès dans les crypto-monnaies*

Jean Rousseau

Table des matières

Conclusion

Récapitulatif des concepts et idées clés

Réflexions finales sur le potentiel de l'investissement dans les crypto-monnaies

Introduction

Bienvenue dans le monde de l'investissement dans les crypto-monnaies ! Les crypto-monnaies ont attiré l'attention et l'imagination des investisseurs à l'échelle mondiale ces dernières années. Les crypto-monnaies sont devenues un choix d'investissement populaire auprès des investisseurs expérimentés et novices en raison de leur structure décentralisée, de leur conception innovante et de leur potentiel de rendement énorme.

Ce guide complet sera votre ressource incontournable si vous débutez dans les crypto-monnaies. Il vous donnera les informations et les ressources dont vous avez besoin pour comprendre le monde fascinant et en constante évolution de l'investissement en crypto-monnaie. Cet ebook vous servira de guide, que votre objectif soit de diversifier votre portefeuille d'investissement, d'explorer de nouvelles options commerciales ou de comprendre les bases de cette catégorie d'actifs numériques.

Le livre électronique complet « Investir dans les crypto-monnaies : du débutant à l'investisseur - Un manuel complet pour investir avec succès dans les crypto-monnaies » propose un voyage détaillé qui commence par les principes fondamentaux et avancé vers des idées plus complexes. Nous examinerons diverses crypto-monnaies, examinerons leur technologie sous-jacente et vous fournirons les informations dont vous avez besoin pour faire des choix d'investissement judicieux.

Vous apprendrez comment commencer à investir dans les crypto-monnaies, notamment en créant des objectifs d'investissement, en choisissant des bourses réputées et en protégeant vos actifs numériques. Nous examinerons les idées sous-jacentes à l'investissement dans les crypto-monnaies, notamment la dynamique du marché, la volatilité et les indicateurs essentiels.

Construire une stratégie d'investissement pour les crypto-monnaies est essentiel pour réussir. Dans cet ebook, nous discuterons de la stratégie à long terme par rapport à court terme, de la diversification et d'une analyse des composants fondamentaux et techniques des crypto-monnaies. Nous vous présenterons également les plates-formes, outils et précautions de sécurité fondamentaux pour un investissement réussi dans les crypto-monnaies.

Bien entendu, chaque investissement comporte des risques. Nous parlerons des cycles de marché, des stratégies de gestion des risques et de la façon de gérer des problèmes tels que la manipulation du marché et les escroqueries dans ce livre électronique. De plus, nous aborderons les crypto-monnaies bien connues comme Bitcoin et Ethereum et examinerons les concepts émergents tels que les jetons non fongibles (NFT) et la finance décentralisée (DéFi).

Investir dans les cryptomonnaies a devant lui un avenir prometteur. Nous parlerons des tendances, des avancées et des problèmes réglementaires du secteur, ainsi que des possibilités ou difficultés futures auxquelles les investisseurs pourraient être confrontés.

"Investissement en crypto-monnaie : du débutant à l'investisseur - Un manuel complet pour investir avec succès dans les crypto-monnaies" est destiné à vous doter des connaissances, des idées et de la confiance nécessaires pour commencer votre parcours d'investissement en crypto-monnaie, quel que soit votre niveau d'expérience en investissement. Alors commençons et réalisons ensemble la promesse d'un investissement rentable dans les crypto-monnaies !

Chapitre I : Comprendre la crypto-monnaie

Définition et historique de la cryptomonnaie

La crypto-monnaie est devenue une classe d'actifs numériques révolutionnaire qui a captivé l'imagination des investisseurs, des technologues et des passionnés du monde entier. Dans cette section, nous explorerons la définition et l'histoire de la cryptomonnaie, en nous plongeant dans sa technologie sous-jacente, son impact sur le paysage financier et son parcours depuis sa création jusqu'à sa reconnaissance grand public.

La cryptographie est utilisée par les cryptomonnaies, souvent appelées monnaie numérique ou virtuelle, pour sécuriser les transactions financières, confirmer le transfert d'actifs et réguler la création de nouvelles unités. Contrairement aux monnaies fiduciaires traditionnelles émises par les gouvernements, les crypto-monnaies fonctionnent sur des réseaux décentralisés appelés blockchains.

La technologie blockchain est au cœur de la cryptomonnaie. Un grand livre distribué appelé blockchain remplace le besoin d'une autorité centrale en enregistrant et en vérifiant les transactions sur de nombreux ordinateurs. Chaque transaction est ajoutée à un « bloc » lié aux blocs précédents, créant ainsi un enregistrement immuable et transparent de toutes les transactions.

La monnaie numérique trouve ses racines au début des années 1980, lorsque les transactions sécurisées sur Internet ont été explorées à l'aide de techniques cryptographiques. Des innovations telles que DigiCash de David Chaum et b-money de Wei Dai ont jeté les bases du développement de la crypto-monnaie.

Un livre blanc intitulé « Bitcoin : un système de paiement électronique peer-to-peer » a été publié en 2008 par une personne ou un groupe non identifié connu uniquement sous le nom de Satoshi Nakamoto, et a marqué le début officiel des crypto-monnaies. Bitcoin, la première crypto-monnaie décentralisée, a été introduite en réponse aux lacunes du système financier traditionnel.

Le réseau Bitcoin a été créé en janvier 2009, lorsque Nakamoto a extrait le premier bloc, appelé Genesis Block. Cela a marqué le début d'une nouvelle ère financière, où les transactions peer-to-peer peuvent être effectuées sans avoir recours à des inter médiaires.

Au début, Bitcoin a gagné du terrain parmi une petite communauté de technologues, de cryptographes et de libertaires qui ont vu son potentiel en matière de liberté financière et de confidentialité. Ces premiers utilisateurs ont joué un rôle crucial dans l'établissement de la crédibilité du Bitcoin et dans la sensibilisation à ses avantages.

Alors que de plus en plus de personnes reconnaissaient le potentiel de transformation des crypto-monnaies, Bitcoin a pris de l'ampleur et a commencé à attirer une plus grande attention. Les marchés en ligne, comme la tristement célèbre Route de la Soie, ont facilité l'utilisation du Bitcoin pour des transactions illicites, mais ils ont également contribué à son adoption croissante.

Suite au succès du Bitcoin, des crypto-monnaies alternatives, souvent appelées altcoins, ont commencé à émerger. Ces altcoins cherchaient à remédier à certaines des limitations du Bitcoin ou à introduire des caractéristiques et fonctionnalités uniques. Un exemple notable est Litecoin, qui visait à améliorer la vitesse de transaction du Bitcoin.

Différentes crypto-monnaies avec des cas d'utilisation spécifiques ont été introduites à mesure que l'écosystème des crypto-monnaies se développait. Par exemple, Ripple (XRP) visait à révolutionner les paiements transfrontaliers, tandis qu'Ethereum (ETH) introduisait le concept de contrats intelligents, permettant le développement d'applications décentralisées (dApps).

Alors que les médias ont commencé à couvrir les histoires de flambée astronomique des prix du Bitcoin et du succès des premiers investisseurs, la sensibilisation du public à la crypto-monnaie s'est rapidement accrue. Cela a suscité un intérêt accru de la part des particuliers et des investisseurs institutionnels qui cherchaient à participer à cette nouvelle classe d'actifs potentiellement lucrative.

L'essor des crypto-monnaies a également présenté des défis aux gouvernements et aux régulateurs. Les préoccupations concernant le blanchiment d'argent, l'évasion fiscale et la protection des consommateurs ont conduit à l'introduction de diverses réglementations et mesures de conformité. Des pays comme le Japon et la Suisse ont adopté les crypto-monnaies, tandis que d'autres ont adopté une approche prudente ou restrictive.

L'entrée des acteurs institutionnels et de Wall Street dans les cryptomonnaies a marqué une étape importante. Les institutions financières traditionnelles, notamment les banques et les hedge funds, ont commencé à explorer les investissements en cryptomonnaies, le trading de contrats à terme et même à établir des bureaux de négociation dédiés aux crypto-monnaies.

L'innovation dans le domaine des crypto-monnaies a continué d'évoluer. De nouvelles technologies cryptographiques, telles que les preuves sans connaissance et les signatures en anneau, ont été introduites pour améliorer la confidentialité et la sécurité. Des projets comme Monroe et Cash se sont concentrés sur la fourniture de transactions anonymes.

L'évolutivité était l'un des défis majeurs rencontrés par les premières crypto-monnaies comme Bitcoin. En réponse, diverses solutions ont émergé, notamment le réseau Lightning pour des transactions Bitcoin plus rapides et moins chères et le passage de Ethereum à un mécanisme de consensus de preuve de participation pour améliorer l'évolutivité.

Le marché des cryptomonnaies s'est considérablement développé et il existe désormais une grande variété de crypto-monnaies dont la capitalisation boursière se chiffre en centaines de milliards de dollars. Bitcoin continue de dominer le marché, mais de nombreux altcoins ont gagné en popularité et en reconnaissance.

L'adoption des crypto-monnaies s'est étendue au-delà des passionnés de technologie et des spéculateurs. De grandes entreprises, telles que Tesla et PayPal, ont commencéà accepter les crypto-monnaies comme mode de paiement. En outre, l'intégration des crypto-monnaies dans les systèmes financiers traditionnels via des portefeuilles numériques et des passerelles de paiement est devenue plus courante.

Si les cryptomonnaies offrent un énorme potentiel, elles sont également confrontées à des défis. La volatilité, les incertitudes réglementaires et les préoccupations en matière de sécurité restent des sujets de préoccupation. Cependant, la technologie sous-jacente et le potentiel de la finance décentralisée (DéFi), des jetons non fongibles (NFT) et d'autres applications innovantes indiquent un avenir prometteur.

Comment fonctionne la technologie blockchain

Une technologie de registre distribué connue sous le nom de blockchain est devenue une force de transformation qui remet en question les systèmes de tenue de registres conventionnels et révolutionne diverses industries. Dans cette section, nous explorerons les subtilités de la technologie blockchain, ses principes sous-jacents et son potentiel de rupture avec divers secteurs. Nous examinerons les caractéristiques techniques les plus complexes de la blockchain, ses composants et le processus par lequel elle garantit la transparence, la sécurité et la décentralisation.

Blockchain, une technologie de registre décentralisée et distribuée qui permet une tenue de registres sécurisée et transparente des transactions numériques entre plusieurs participants. Il s'agit d'une chaîne de blocs immuables, dont chacun contient un ensemble de transactions et est connecté à celui qui le précède via des hachages cryptographiques. La technologie blockchain est au cœur de la blockchain.

Blockchain, un grand livre distribué qui enregistre et vérifie les transactions sur plusieurs ordinateurs, éliminant ainsi le besoin d'une autorité centrale. Chaque transaction est ajoutée à un « bloc » lié aux blocs précédents, créant ainsi un enregistrement immuable et transparent de toutes les transactions.

Les transactions représentent le transfert d'actifs numériques ou d'informations au sein du réseau blockchain. Ils contiennent des entrées (sources de fonds) et des sorties (adresses de destination) et sont regroupés dans un bloc. Les blocs sont des conteneurs qui stockent plusieurs transactions. Chaque bloc contient un identifiant unique appelé hachage, qui est généré en fonction des données contenues dans le bloc et du hachage du bloc précédent. Les blocs sont organisés à l'aide d'une structure de données appelée arbres Merkle, qui permet une vérification et une récupération efficaces des transactions. La racine de l'arborescence Merkle, également connue sous le nom de racine Merkle, est stockée dans l'en-tête du bloc et sert de résumé de toutes les transactions du bloc.

Les mécanismes de consensus sont des protocoles qui garantissent un accord entre les participants d'un réseau blockchain concernant la validité des transactions et l'état de la blockchain. Les deux principaux mécanismes de consensus sont la preuve de travail (PoW) et la preuve d'enjeu (PoS). PoW, introduit par Bitcoin, implique des mineurs en compétition pour résoudre un casse-tête mathématique nécessitant beaucoup de calculs afin d'ajouter le bloc suivant à la blockchain. Le PoS, quant à lui, s'appuie sur la propriété ou la participation des participants dans la crypto-monnaie pour déterminer le droit de confirmer les transactions et de créer de nouveaux blocs.

La blockchain assure la sécurité grâce à la cryptographie. Les signatures numériques sont utilisées pour garantir l'authenticité et l'intégrité des transactions. Chaque participant dispose d'une clé privée pour signer les transactions, tandis que la clé publique correspondante est utilisée pour la vérification. Une fois qu'un bloc est ajouté à la blockchain, modifier ou supprimer les transactions qu'il contient devient presque impossible. Les liens cryptographiques entre les blocs et la nature distribuée du réseau offrent un haut niveau de sécurité et d'immuabilité.

La blockchain fonctionne sur un réseau peer-to-peer, avec plusieurs participants (nœuds) conservant une copie de la blockchain. Cette structure décentralisée réduit la dépendance à l'égard d'une autorité centrale et améliore la résilience du système. La blockchain permet des transactions sans confiance, dans lesquelles les participants peuvent effectuer des transactions entre eux sans avoir besoin d'un intermédiaire de confiance. Les mécanismes de consensus et les techniques cryptographiques garantissent la validité et l'intégrité des transactions sans compter sur la confiance.

La technologie Blockchain trouve des applications dans divers domaines. Dans le secteur des services financiers, il permet des transactions peer-to-peer sécurisées et transparentes sans avoir recours à des intermédiaires. Les contrats intelligents, accords auto-exécutables avec des règles et conditions prédéfinies, éliminent le besoin d'intermédiaires et automatisent les processus commerciaux complexes. Dans la gestion de la chaîne d'approvisionnement, la blockchain offre transparence et traçabilité, permettant un suivi efficace des marchandises et la détection des activités frauduleuses. Dans le domaine de la santé, la blockchain améliore la confidentialité et la sécurité des données, garantissant des enregistrements de données sécurisés et immuables sur les patients.

La blockchain est confrontée à des défis d'évolutivité, car elle doit gérer un grand nombre de transactions. Des efforts sont en cours pour développer des solutions telles que le partage et les protocoles de couche deux afin d'améliorer l'évolutivité. L'interopérabilité entre les différentes plates-formes blockchain est également un domaine d'intérêt pour établir une communication transparente. À mesure que la blockchain gagne en importance, il est crucial de développer des cadres réglementaires pour répondre à des préoccupations telles que la protection des consommateurs, le blanchiment d'argent et la vie privée.

Différents types de crypto-monnaies

Les crypto-monnaies ont connu une croissance remarquable en termes de popularité et de diversité depuis l'émergence du Bitcoin en 2009. Bien que Bitcoin reste la crypto-monnaie la plus connue, de nombreuses crypto-monnaies alternatives, ou altcoins, ont été introduites, chacune avec des caractéristiques, des cas d'utilisation et des propositions de valeur uniques. Dans cette section, nous explorerons différents types de crypto-monnaies, y compris celles conçues à des fins spécifiques telles que la confidentialité, l'évolutivité et les contrats intelligents. Nous approfondirons les caractéristiques et les applications de ces crypto-monnaies, en mettant en évidence la diversité et l'innovation de l'espace crypto.

Bitcoin, introduit par Satoshi Nakamoto, est la crypto-monnaie pionnière qui a jeté les bases de l'ensemble du secteur. Il fonctionne sur un réseau décentralisé, facilitant les transactions peer-to-peer sans avoir recours à des intermédiaires. Les principales applications du Bitcoin sont la réserve de valeur et le mécanisme d'échange. En 2011, Charlie Lee a lancé le Litecoin, communément décrit comme l'argent de l'or du Bitcoin. Il s'agit d'une crypto-monnaie peer-to-peer qui partage de nombreuses similitudes avec Bitcoin mais offre des temps de génération de blocs plus rapides et un algorithme de hachage différent. Namecoin est une crypto-monnaie innovante qui combine un réseau peer-to-peer décentralisé avec un système de noms de domaine (DNS). Son objectif est de fournir des services d'enregistrement et de transfert de noms de domaine sécurisés et résistants à la censure.

Monero est une crypto-monnaie axée sur la confidentialité qui met fortement l'accent sur l'anonymat et la fongibilité. Il utilise des techniques cryptographiques avancées, telles que les signatures en anneau et les adresses furtives, pour masquer les détails des transactions et garantir la confidentialité des utilisateurs. Zcash est une autre crypto-monnaie axée sur la confidentialité qui utilise des preuves sans connaissance, en particulier les zk-SNARK, pour permettre des transactions protégées. Ces transactions masquent l'expéditeur, le destinataire et le montant de la transaction, offrant ainsi une confidentialité accrue aux utilisateurs.

Ethereum est une crypto-monnaie révolutionnaire qui a introduit le concept de contrats intelligents, permettant la création d'applications décentralisées (dApps) et l'exécution d'accords programmables. Une plateforme blockchain appelée Cardano cherche à offrir un cadre sûr et extensible pour créer des applications décentralisées et des contrats intelligents. Il utilise un mécanisme de consensus de preuve de participation (PoS) et emploie une architecture en couches pour améliorer l'évolutivité et l'interopérabilité.

Ripple est une crypto-monnaie conçue pour les transferts d'argent internationaux rapides et peu coûteux. Il fonctionne sur un protocole de paiement connu sous le nom de Ripple Net et utilise un algorithme de consensus appelé XRP Ledger Consensus Protocol. Nano est une crypto-monnaie qui vise à fournir des transactions instantanées et sans frais. Il utilise une structure bloc-réseau unique, permettant un traitement parallèle et une grande évolutivité.

Tether est un type de cryptomonnaie connu sous le nom de stablecoin. Il est conçu pour maintenir une valeur stable en rattachant son prix à une monnaie fiduciaire, généralement le dollar américain, sur une base de 1:1. USD Coin est un autre stablecoin populaire qui fonctionne sur la blockchain Ethereum. Le Consortium du Centre le régit et offre stabilité et transparence au sein de l'espace crypto.

La crypto-monnaie native de l'échange Finance s'appelle Finance Coin. Il s'agit d'un exemple de jeton utilitaire offrant divers avantages aux utilisateurs de l'écosystème Finance. Les jetons de sécurité représentent la propriété d'un actif sous-jacent et sont conformes aux réglementations en vigueur sur les valeurs mobilières.
Dogecoin, initialement présenté comme une crypto-monnaie mème, a gagné un public et une communauté importants. IOTA est une crypto-monnaie spécialement conçue pour l'écosystème de l'Internet des objets (IoT). Il vise à fournir une infrastructure

évolutive, gratuite et décentralisée pour les transactions de machine à machine et le transfert de données.

Explorer le potentiel des crypto-monnaies

Les crypto-monnaies sont devenues une force perturbatrice dans le monde financier, remettant en question les systèmes traditionnels et promettant de nouvelles possibilités pour les particuliers et les entreprises. Dans cette section, nous explorerons le potentiel des crypto-monnaies, en examinant leur impact sur divers secteurs et leur pouvoir de transformation. Nous examinerons les avantages et les défis des crypto-monnaies, leur potentiel d'inclusion financière, leur rôle dans la décentralisation des systèmes financiers et leur impact sur l'innovation technologique.

Les crypto-monnaies présentent plusieurs avantages qui pourraient complètement modifier le secteur bancaire. Ils promeuvent d'abord l'inclusion financière en offrant des services aux personnes non bancarisées et sous-bancarisées. Les crypto-monnaies permettent aux personnes vivant dans des régions éloignées ou dans des populations mal desservies d'obtenir facilement des services financiers via des appareils mobiles et une connectivité Internet. Grâce à l'utilisation de la technologie blockchain, les crypto-monnaies offrent également responsabilité et transparence. Le grand livre décentralisé garantit la confirmation et la vérification des transactions en temps réel, réduisant ainsi les risques de fraude et de corruption. De plus, la sécurité et la propriété des crypto-monnaies améliorent l'intégrité des données et réduisent le besoin d'intermédiaires tiers.

Les crypto-monnaies ont le potentiel de décentraliser les systèmes financiers, réduisant ainsi la dépendance vis-à-vis des intermédiaires traditionnels tels que les banques et les processeurs de paiement. En permettant les transactions peer-to-peer, les crypto-monnaies responsabilisent les individus et facilitent le contrôle direct des actifs financiers. Cette décentralisation rationalise également les transactions et les envois de fonds transfrontaliers en éliminant le besoin d'intermédiaires, ce qui entraîne une réduction des coûts et une efficacité améliorée. La possibilité d'effectuer des transactions directement entre les parties a des implications significatives pour les individus et les entreprises opérant dans l'économie mondiale, en supprimant les barrières et en réduisant les frictions dans les transactions financières internationales.

Les crypto-monnaies ont non seulement eu un impact sur le secteur financier, mais ont également ouvert la voie à l'innovation technologique. La technologie blockchain, l'infrastructure sous-jacente aux crypto-monnaies, a le potentiel de révolutionner divers secteurs. La nature décentralisée et immuable de la blockchain permet une tenue de registres, une gestion de la chaîne d'approvisionnement, une vérification d'identité, une gestion des droits de propriété intellectuelle sécurisées et transparentes, etc. Les applications décentralisées (dApps) et les contrats intelligents ont également été rendus possibles par les crypto-monnaies comme Ethereum. Les contrats intelligents sont des accords auto-exécutoires avec des règles et conditions prédéfinies, permettant l'automatisation de processus complexes et réduisant le besoin d'intermédiaires. Ces innovations ouvrent de nouvelles voies pour les services décentralisés et constituent un terrain fertile pour de nouveaux progrès technologiques.

Les crypto-monnaies ont beaucoup de potentiel mais aussi des défis et des considérations. Tout d'abord, le cadre juridique des crypto-monnaies est encore en développement. La protection des consommateurs, le blanchiment d'argent, la conformité fiscale et la sécurité des investisseurs sont autant de problèmes auxquels les gouvernements et les agences de régulation sont actuellement confrontés. Le développement responsable des crypto-monnaies dépend de la recherche de l'équilibre idéal entre réglementation et soutien à l'innovation. Deuxièmement, les investisseurs et les entreprises peuvent être confrontés à des risques dus à la volatilité des crypto-monnaies. La stabilité et l'adoption des crypto-monnaies comme moyen d'échange ou réserve de valeur peuvent être affectées par la volatilité des prix. Pour une plus grande adoption, il est crucial de lutter contre la volatilité et de mettre en pratique des plans de gestion des risques. Enfin, des restrictions technologiques en matière d'évolutivité, de vitesse de transaction et de consommation d'énergie s'appliquent aux crypto-monnaies. L'évolutivité devient un enjeu crucial à mesure que les réseaux blockchain connaissent une augmentation du volume des transactions. Des solutions comprenant des protocoles de couche 2, le partitionnement et des améliorations de l'algorithme de consensus sont à l'étude pour surmonter ces restrictions.

Malgré les défis, les crypto-monnaies ont gagné en popularité et en acceptation. Les grandes institutions financières, les entreprises technologiques et les gouvernements intègrent les crypto-monnaies dans leurs plateformes, permettant aux utilisateurs d'effectuer des transactions transparentes avec les actifs numériques. Les investisseurs institutionnels entrent également sur le marché des crypto-monnaies, offrant ainsi une validation et une légitimité supplémentaires. De plus, les banques centrales du monde entier étudient le développement de monnaies numériques de banque centrale (CBDC). Les CBDC, tirant parti de la blockchain ou d'autres technologies de registre distribué, pourraient favoriser davantage l'adoption et la légitimité des crypto-monnaies. L'acceptation et l'intégration croissante des crypto-monnaies par les principaux acteurs indiquent un avenir prometteur pour cette technologie transfor matrice.

Chapitre II : Débuter en tant qu'investisseur en crypto-monnaie

Évaluer votre préparation à l'investissement

Les crypto-monnaies ont attiré une attention considérable en tant qu'option d'investissement, attirant les particuliers et les institutions à la recherche de rendements potentiels dans l'espace des actifs numériques en évolution rapide. Cependant, investir dans les crypto-monnaies nécessite un examen et une évaluation minutieuse de la préparation à l'investissement. Cette section explorera les facteurs clés à évaluer lors de l'examen des investissements en crypto-monnaie. Nous approfondirons la compréhension de la tolérance au risque, mènerons des recherches approfondies, évaluerons les stratégies d'investissement et développerons une approche disciplinée pour naviguer sur le marché volatil des crypto-monnaies.

Avant de vous lancer dans les investissements en crypto monnaies, il est essentiel de comprendre votre tolérance au risque. Les cryptomonnaies sont connues pour la volatilité de leurs prix et les fluctuations du marché, qui peuvent entraîner des gains ou des pertes importants. Évaluer votre tolérance au risque implique d'évaluer votre situation financière, vos objectifs de placement et votre volonté d'accepter des pertes potentielles. Il est essentiel de tenir compte de votre horizon de placement et de l'impact des pertes potentielles sur votre bien-être financier global.

Des recherches approfondies sont essentielles avant d'investir dans les crypto-monnaies. Comprendre les principes fondamentaux des actifs numériques que vous envisagez est crucial. Cela inclut la recherche sur la technologie derrière la crypto-monnaie, son cas d'utilisation, son potentiel d'adoption et le paysage concurrentiel. Rester informé des actualités du secteur, des tendances du marché et des changements réglementaires est également essentiel. Suivre des sources réputées, participer à des communautés en ligne et interagir avec des experts peut vous aider à rester informé et à prendre des décisions d'investissement éclairées.

Les stratégies d'investissement jouent un rôle important dans les investissements en crypto monnaies. Les investisseurs peuvent choisir entre une approche à long terme ou à court terme. Les investisseurs à long terme se concentrent sur la croissance potentielle et l'adoption de crypto-monnaies spécifiques sur une période prolongée. Les traders à court terme visent à profiter de la volatilité des prix en achetant et en vendant des crypto-monnaies dans des délais plus courts. L'évaluation de vos objectifs d'investissement, de votre tolérance au risque et de votre engagement en temps vous aidera à déterminer votre stratégie d'investissement la plus appropriée. De plus, comprendre l'analyse fondamentale et technique peut aider à développer une stratégie d'investissement complète.

Développer une approche disciplinée est crucial pour un investissement réussi dans les cryptomonnaies. Il est essentiel de définir des attentes réalistes, en reconnaissant les risques inhérents et le potentiel de pertes. La mise en œuvre de stratégies de gestion des risques telles que la diversification, la définition d'ordres stop-loss et l'utilisation de la moyenne des coûts en dollars peuvent vous aider à protéger vos investissements. La discipline émotionnelle est essentielle pour éviter une prise de décision impulsive basée sur les mouvements du marché à court terme. Avoir une perspective à long terme et s'en tenir à votre stratégie d'investissement vous aidera à gérer rationnellement la volatilité des marchés.

La volatilité du marché est une caractéristique du marché des crypto-monnaies. Naviguer dans cette volatilité nécessite une discipline émotionnelle et une évaluation du rapport risque/récompense. Développer une discipline émotionnelle permet d'éviter les décisions impulsives et de maintenir une approche rationnelle. Évaluer le rapport risque/récompense implique de comprendre les gains et les pertes potentiels associés à un investissement en crypto monnaie et de les comparer à votre tolérance au risque. L'évaluation de facteurs tels que les tendances du marché, les fondamentaux du projet et le sentiment général du marché peut aider à prendre des décisions d'investissement éclairées.

Fixer des objectifs d'investissement et une tolérance au risque

En raison du caractère volatil du marché, investir dans les crypto-monnaies peut potentiellement générer des gains substantiels, mais comporte également des risques inhérents. Pour réussir à naviguer dans ce paysage, il est crucial de fixer des objectifs d'investissement clairs et de déterminer votre tolérance au risque. Dans cette section, nous explorerons l'importance de fixer des objectifs d'investissement, de comprendre la tolérance au risque et comment ces facteurs jouent un rôle essentiel dans les investissements en crypto monnaies. Nous approfondirons la définition des objectifs d'investissement, l'évaluation de la tolérance au risque et la recherche du bon équilibre pour maximiser les rendements potentiels tout en gérant efficacement les risques.

Fixer des objectifs d'investissement clairs est essentiel pour guider votre parcours d'investissement en crypto-monnaie. Commencez par identifier vos objectifs financiers, tels que l'accumulation de patrimoine, le financement de la retraite ou l'atteinte d'étapes spécifiques. La définition de vos objectifs fournit un cadre pour prendre des décisions d'investissement et vous aide à rester concentré et motivé pendant les fluctuations du marché.

Tenez compte de votre horizon temporel d'investissement lorsque vous fixez des objectifs. Les objectifs à court terme impliquent de capitaliser sur les tendances du marché à court terme, tandis que les objectifs à long terme se concentrent sur la croissance potentielle et l'adoption de crypto-monnaies spécifiques sur une période prolongée. L'alignement de votre horizon temporel sur vos objectifs d'investissement influencera les stratégies d'investissement et la tolérance au risque que vous adopterez.

Il est essentiel d'évaluer votre tolérance au risque pour garantir que votre stratégie d'investissement correspond à votre niveau de confort. La tolérance au risque implique d'évaluer votre capacité à gérer les fluctuations du marché et les pertes potentielles. Les facteurs à prendre en compte comprennent votre situation financière, votre expérience en matière d'investissement, votre horizon temporel et votre disposition émotionnelle. Comprendre votre tolérance au risque vous permet de prendre des décisions éclairées et d'éviter une exposition excessive aux risques.

Les investissements en crypto-monnaies comportent un ensemble unique de risques et de récompenses. Des rendements potentiels plus élevés s'accompagnent souvent d'une volatilité accrue et d'un potentiel de pertes importantes. L'évaluation du rapport risque/récompense vous permet d'évaluer les gains et les pertes potentiels de différentes stratégies d'investissement. L'équilibre entre risque et récompense est essentiel pour gérer efficacement votre portefeuille d'investissement.

Trouver le bon équilibre entre la tolérance au risque et les objectifs d'investissement est crucial pour réussir un investissement en crypto-monnaie. Les objectifs d'investissement agressifs peuvent nécessiter une tolérance au risque plus élevée, tandis que les objectifs conservateurs peuvent nécessiter une approche plus prudente. Pour établir une stratégie d'investissement adaptée à vos aspirations et à votre niveau de confort, tenez compte à la fois de vos objectifs d'investissement et de votre tolérance au risque.

La diversification joue un rôle essentiel dans la gestion des risques. Répartir vos investissements sur différentes crypto-monnaies et classes d'actifs peut aider à atténuer l'impact des fluctuations du marché. La diversification vous permet de capter les gains potentiels de divers secteurs tout en réduisant l'exposition à un investissement unique. Tenez compte de la corrélation, des tendances du marché et des opportunités de croissance potentielles lors de la diversification de votre portefeuille de crypto-monnaies.

La mise en œuvre de stratégies de gestion des risques est essentielle pour protéger vos investissements. Les ordres stop-loss vous permettent de définir des niveaux de prix prédéterminés auxquels vos avoirs en crypto-monnaies sont automatiquement vendus. Cela permet de limiter les pertes potentielles et de protéger votre capital d'investissement. La définition d'ordres stop-loss peut aider à gérer le risque de baisse tout en permettant des gains potentiels à la hausse.

La taille des positions consiste à déterminer l'allocation appropriée de votre capital d'investissement à chaque crypto-monnaie. En examinant attentivement votre tolérance au risque et la volatilité potentielle de chaque investissement, vous pouvez allouer une partie appropriée de votre portefeuille pour minimiser l'impact des pertes potentielles. La taille des positions vous aide à contrôler l'exposition au risque et à maintenir un portefeuille équilibré.

Les objectifs d'investissement et la tolérance au risque doivent être réévalués périodiquement pour garantir qu'ils restent alignés sur l'évolution de votre situation financière et des conditions du marché. Évaluez régulièrement vos objectifs, votre tolérance au risque et votre stratégie d'investissement pour apporter les ajustements nécessaires et affiner votre approche. Ce faisant, vous pourrez vous adapter à l'évolution de la dynamique du marché et continuer à travailler pour atteindre vos objectifs d'investissement.

Pensez à demander conseil à un professionnel pour vous aider à évaluer vos objectifs de placement et votre tolérance au risque. Les conseillers financiers ou les professionnels de l'investissement peuvent vous fournir des conseils adaptés à vos besoins spécifiques et vous aider à élaborer une stratégie d'investissement complète. Leur expertise peut vous aider à prendre des décisions éclairées et à gérer efficacement les risques.

Choisir un échange de crypto-monnaie fiable

Dans l'écosystème des actifs numériques, les échanges de crypto-monnaies sont essentiels car ils facilitent l'acquisition, la vente et l'échange de crypto-monnaies. Cependant, avec la multiplication des échanges, choisir une plateforme fiable qui privilégie la sécurité, la transparence et l'expérience utilisateur devient essentiel. Cette section explorera les facteurs clés à prendre en compte lors du choix d'un échange de crypto-monnaies. Nous examinerons les mesures de sécurité, la conformité réglementaire, les crypto-monnaies disponibles, les frais de négociation, l'interface utilisateur, le support client et la réputation pour vous aider à prendre une décision éclairée.

Lors de la sélection d'un échange de crypto-monnaies, la sécurité doit être la première priorité. Les investisseurs devraient donner la priorité aux plateformes mettant en œuvre des mesures de sécurité robustes pour protéger les fonds des utilisateurs et les informations personnelles. Cela inclut des mesures telles que l'authentification à deux facteurs (2FA), le stockage froid pour le stockage des fonds hors ligne, des audits de sécurité réguliers et des protocoles de cryptage. Le risque de piratage et d'accès illégal

à vos fonds sera réduit si vous sélectionnez une plateforme d'échange qui met
fortement l'accent sur la sécurité.

La conformité réglementaire est un aspect essentiel d'un échange de crypto-monnaies
fiable. Recherchez des bourses qui fonctionnent dans un cadre réglementaire clair et
se
conforment aux lois et réglementations en vigueur dans votre juridiction. Une bourse
digne de confiance disposera des licences appropriées et d'une surveillance
réglementaire, démontrant son engagement envers les pratiques juridiques et éthiques.
La transparence est également essentielle, car les bourses doivent fournir des
informations sur leur équipe, les détails d'enregistrement de l'entreprise et les adresses
des portefeuilles froids pour favoriser la confiance et la transparence au sein de la
communauté.

Considérez la gamme de crypto-monnaies et de paires de trading proposées par la
bourse. Un échange fiable doit offrir une sélection diversifiée de crypto-monnaies
établies et de projets émergents prometteurs. Cela permet aux investisseurs d'accéder à
diverses opportunités d'investissement et de mettre en œuvre différentes stratégies de
trading. Assurez-vous que la bourse prend en charge les crypto-monnaies spécifiques
que vous souhaitez négocier, car cela vous permettra d'exécuter efficacement vos
plans d'investissement souhaités.

Examinez la structure des frais de la bourse pour comprendre les coûts de
négociation. Différentes bourses emploient diverses structures de frais, notamment
des frais de négociation, de dépôt, de retrait et d'inactivité. Considérez la structure de
frais qui correspond à votre fréquence de négociation et à votre stratégie
d'investissement. Il est essentiel d'équilibrer les frais compétitifs et la qualité des
services de la bourse.

L'interface utilisateur et l'expérience utilisateur globale jouent un rôle important dans
le choix d'un échange de crypto-monnaies fiable. Une interface conviviale garantit une
navigation facile, une exécution transparente des transactions et une surveillance
pratique du portefeuille. Recherchez des bourses avec des graphiques de prix en temps
réel, la profondeur du carnet d'ordres et des paramètres personnalisables pour
améliorer votre expérience de trading. De plus, demandez-vous si la plateforme
d'échange propose une application mobile qui vous permet d'échanger des
crypto-monnaies en déplacement, offrant ainsi commodité et flexibilité.

Un support client fiable est essentiel pour résoudre des problèmes techniques, des demandes de compte ou des problèmes transactionnels. Recherchez les échanges qui offrent des canaux d'assistance client réactifs, notamment l'e-mail, le chat en direct ou l'assistance téléphonique. Un support client rapide et efficace indique l'engagement d'une plateforme d'échange à fournir une expérience fiable et conviviale. En outre, tenez compte de la réputation et des antécédents de l'échange au sein de la communauté des crypto-monnaies. Recherchez des forums en ligne et des plateformes de médias sociaux et consultez des sites Web pour recueillir des informations sur les expériences d'autres utilisateurs. Un échange bénéficiant d'une solide réputation, de commentaires positifs des utilisateurs et d'un historique de fiabilité opérationnelle est plus susceptible d'être digne de confiance et fiable.

Créer un portefeuille de crypto-monnaie sécurisé

Les crypto-monnaies ont révolutionné la façon dont nous effectuons des transactions et stockons de la valeur, offrant une forme de monnaie décentralisée et numérique. Cependant, avec l'importance et la popularité croissante des crypto-monnaies, la sécurisation de vos actifs numériques est devenue plus cruciale que jamais. La création d'un portefeuille de crypto-monnaies sécurisé est la première défense contre les failles de sécurité potentielles et les accès non autorisés. Dans cette section, nous explorerons les différents types de portefeuilles de crypto-monnaies disponibles, examinerons les meilleures pratiques pour sécuriser votre portefeuille, discuterons de l'importance des clés privées et des phrases de départ et explorerons des options de sécurité supplémentaires pour garantir la sécurité de vos actifs numériques.

Il existe plusieurs options pour les portefeuilles de crypto-monnaies, chacune présentant des forces et des vulnérabilités. Comprendre les différents types de portefeuilles est crucial pour créer une solution de stockage sécurisée pour vos actifs numériques.

Les portefeuilles matériels sont des appareils physiques spécialement conçus pour stocker et protéger les crypto-monnaies. Ces portefeuilles fournissent une solution de stockage hors ligne en gardant les clés privées hors ligne, à l'abri des menaces potentielles en ligne. L'isolement des clés privées sur les portefeuilles matériels les rend hautement sécurisés et résistants aux tentatives de piratage.

Les logiciels ou portefeuilles numériques permettent aux utilisateurs de stocker et de gérer leurs crypto-monnaies sur des appareils électroniques tels que des ordinateurs, des smartphones ou des tablettes. Les portefeuilles logiciels peuvent être classés en portefeuilles de bureau, mobiles et Web. Bien que les portefeuilles logiciels offrent commodité et accessibilité, ils sont plus vulnérables aux menaces en ligne et nécessitent des mesures de sécurité supplémentaires.

Les portefeuilles papier impliquent de générer et d'imprimer une copie physique des clés publiques et privées de votre crypto-monnaie. Les clés sont stockées hors ligne, ce qui réduit le risque d'attaques en ligne. Les portefeuilles papier offrent une couche de sécurité supplémentaire en protégeant vos crypto-monnaies des menaces numériques. Cependant, ils nécessitent une manipulation soigneuse et une protection contre les dommages physiques ou la perte.

La sécurisation de votre portefeuille de crypto-monnaies va au-delà du simple choix du bon type de portefeuille. La mise en œuvre des meilleures pratiques est cruciale pour garantir la plus grande sécurité de vos actifs numériques.

Créer un mot de passe robuste et unique pour votre portefeuille est fondamental. Évitez d'utiliser des mots de passe courants et mélangez vos caractères avec des majuscules, des minuscules, des chiffres et des symboles. Mettre régulièrement à jour votre mot de passe et éviter de réutiliser les mots de passe sur différentes plateformes est essentiel pour la sécurité du portefeuille.

Votre portefeuille bénéficie d'un degré de sécurité supplémentaire lorsque l'authentification à deux facteurs est activée. Vous pouvez augmenter la sécurité de votre compte et réduire les risques d'accès illégal en connectant votre portefeuille à une application d'authentification ou en vous inscrivant pour recevoir des codes de vérification par SMS.

Gardez votre logiciel de portefeuille à jour est crucial pour la sécurité. Les mises à jour logicielles incluent souvent des correctifs de sécurité et des corrections de bogues qui corrigent les vulnérabilités potentielles. En restant informé des mises à jour logicielles, vous minimisez le risque d'exploitation par des acteurs malveillants.

Connectez-vous toujours à votre portefeuille en utilisant des connexions réseau sécurisées. Évitez d'utiliser les réseaux Wi-Fi publics, car ils sont sensibles aux attaques de l'homme du milieu. Utilisez plutôt des réseaux de confiance ou un réseau privé virtuel (VPN) pour crypter votre connexion et garantir la sécurité des transactions de votre portefeuille.

Les clés privées et les phrases de départ font partie intégrante des portefeuilles de crypto-monnaies. Comprendre leur importance et les protéger correctement est essentiel à la sécurité du portefeuille.

Les clés privées sont des codes alphanumériques uniques qui donnent accès à vos crypto-monnaies. Ils servent de signatures numériques pour vos transactions. Il est crucial de garder vos clés privées confidentielles et de ne jamais les partager avec qui que ce soit. Les portefeuilles matériels et logiciels stockent et gèrent en toute sécurité les clés privées en votre nom.

En cas de perte ou de dommage, des phrases de départ, également appelées phrases de récupération ou phrases de sauvegarde, peuvent être utilisées pour récupérer votre portefeuille. Lors de la création d'un portefeuille, vous recevez généralement une phrase de départ composée d'une série de mots. La phrase de départ doit être écrite et conservée dans un endroit sécurisé, de préférence hors ligne. Stockez la phrase de départ en toute sécurité, car toute personne y ayant accès peut accéder à votre portefeuille et à vos actifs numériques.

En plus des bonnes pratiques mentionnées ci-dessus, plusieurs mesures de sécurité supplémentaires peuvent renforcer encore la sécurité de votre portefeuille de cr ypto-monnaies.

Les portefeuilles multi signatures (Multisig) nécessitent plusieurs signatures pour autoriser les transactions. En impliquant de nombreuses parties, telles que des membres de votre famille ou des personnes de confiance, vous améliorez la sécurité et l'intégrité de votre portefeuille. Cette protection supplémentaire garantit que personne n'a le contrôle exclusif du portefeuille.

Le stockage à froid implique de conserver vos clés privées et vos crypto-monnaies complètement hors ligne, réduisant ainsi le risque de piratage et d'accès non autorisé. Les portefeuilles matériels et les portefeuilles papier sont des options populaires pour le stockage frigorifique. En stockant vos actifs hors ligne, vous les protégez des vulnérabilités en ligne et des violations potentielles.
Sauvegarder régulièrement votre portefeuille est essentiel pour protéger vos fonds. Les sauvegardes doivent inclure vos clés privées ou phrases de départ. Stockez les

sauvegardes dans plusieurs emplacements sécurisés, tels que des disques durs externes ou un stockage cloud crypté. Testez régulièrement le processus de restauration des sauvegardes pour garantir son efficacité.

La mise en œuvre de mesures de confidentialité peut améliorer la sécurité et l'anonymat de vos transactions. Utilisez des crypto-monnaies centrées sur la confidentialité ou utilisez les fonctionnalités de confidentialité offertes par des portefeuilles spécifiques pour protéger votre historique de transactions et vos informations personnelles.

La sécurisation de votre portefeuille de crypto-monnaies est un processus continu qui nécessite une vigilance constante et reste informé des dernières pratiques de sécurité. Renseignez-vous sur les menaces émergentes et l'évolution des mesures de sécurité pour garantir que votre portefeuille reste sécurisé face aux nouveaux défis.

ChapitreIII : Conceptsfondamentauxde l'investissement dans les crypto-monnaies

Capitalisation boursière et liquidité

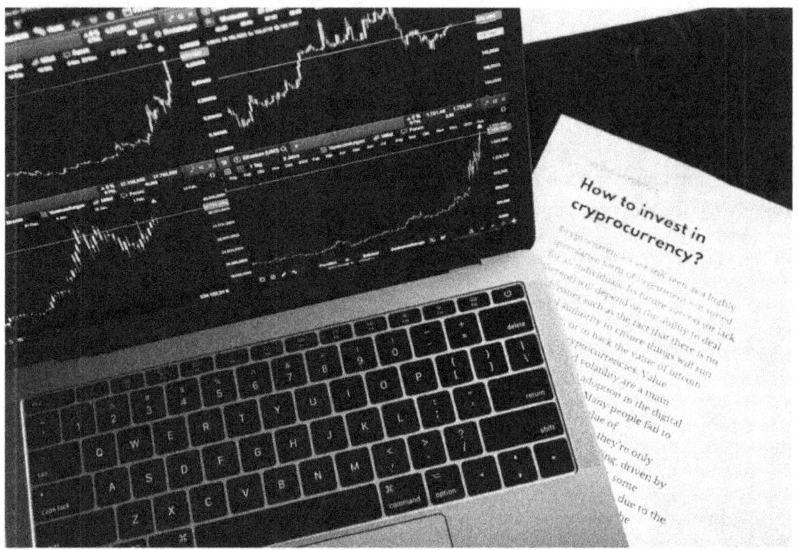

L'investissement en crypto-monnaie a gagné du terrain ces dernières années, offrant de nouvelles opportunités aux investisseurs dans le domaine des actifs numériques. Lorsque l'on s'aventure dans les cryptomonnaies, il devient crucial de comprendre la capitalisation boursière et la liquidité. Ces deux mesures jouent un rôle essentiel dans l'évaluation de la valeur, de la stabilité et du potentiel d'investissement des différentes crypto-monnaies. Cette section explorera les concepts de capitalisation boursière et de liquidité dans l'investissement en crypto-monnaie. Nous aborderons leurs définitions, leurs méthodes de calcul et leur influence sur les stratégies d'investissement. En acquérant une compréhension globale de la capitalisation boursière et de la liquidité, les investisseurs peuvent prendre en toute confiance des décisions éclairées et naviguer sur le marché des crypto-monnaies.

La capitalisation boursière est une mesure clé utilisée sur le marché des cryptomonnaies pour évaluer la valeur totale et l'importance relative d'une crypto monnaie. Il est calculé en multipliant la quantité disponible de pièces ou de jetons par le prix unitaire sur le marché actuel. La capitalisation boursière fournit un aperçu de la taille et de la valeur relative de la cryptomonnaie sur le marché. Comprendre la capitalisation boursière est crucial pour les investisseurs, car cela donne un aperçu de l'importance et de la valeur perçue d'une crypto-monnaie. Une capitalisation boursière plus élevée indique une crypto-monnaie bien établie avec une adoption généralisée et une forte présence sur le marché. À l'inverse, la faible capitalisation boursière peut suggérer une crypto monnaie émergente plus petite, avec une volatilité plus élevée et des opportunités de croissance potentielles. Les investisseurs peuvent évaluer les risques et les récompenses potentiels associés aux différentes crypto-monnaies et adapter leurs stratégies d'investissement en tenant compte de la capitalisation boursière.

La liquidité joue un rôle important dans l'investissement en crypto monnaies, car elle détermine la facilité avec laquelle les investisseurs peuvent acheter ou vendre une crypto monnaie sans impact significatif sur son prix. Une liquidité élevée indique un marché robuste et actif où il existe un volume suffisant d'acheteurs et de vendeurs. La liquidité est essentielle pour exécuter efficacement les transactions, minimiser les dérapages et gérer efficacement les risques. Plusieurs mesures sont couramment utilisées pour évaluer la liquidité d'une crypto-monnaie, notamment le volume des transactions, l'écart acheteur-vendeur et la profondeur du carnet d'ordres. Des volumes de transactions plus élevés indiquent une plus grande liquidité et une plus grande activité du marché. Un écart acheteur-vendeur plus petit signifie des conditions de marché plus serrées et une liquidité plus élevée. La quantité et le montant des ordres d'achat et de vente à différents niveaux de prix sont indiqués par profondeur du carnet d'ordres, indiquant un marché liquide où les transactions peuvent être conclues rapidement et avec succès. La liquidité est une considération essentielle pour les investisseurs, car elle a un impact direct sur la facilité d'achat ou de vente de crypto-monnaies et sur leur impact potentiel sur les prix. Une liquidité élevée permet aux investisseurs d'entrer ou de sortir de positions sans affecter de manière significative le marché. Cela permet une découverte efficace des prix et réduit le risque de manipulation des prix. De plus, les marchés liquides offrent souvent des écarts acheteur-vendeur plus serrés, minimisant ainsi les coûts de transaction et améliorant l'efficacité globale des transactions.

La capitalisation boursière et la liquidité jouent un rôle essentiel dans l'élaboration des stratégies d'investissement sur le marché des crypto-monnaies. Les cryptomonnaies à grande capitalisation, caractérisées par une capitalisation boursière et une liquidité élevées, sont souvent favorisées par les investisseurs les plus conservateurs. Ces crypto-monnaies, telles que Bitcoin et Ethereum, offrent une stabilité, une plus grande acceptation du marché et une volatilité moindre. Ils constituent une base solide pour la diversification du portefeuille et sont généralement considérés comme une option d'investissement à long terme. D'un autre côté, les crypto-monnaies de moyenne et petite capitalisation peuvent offrir un potentiel de croissance plus élevé mais comportent un risque plus élevé en raison de leur faible capitalisation boursière et de leur liquidité. Investir dans des actifs à petite capitalisation nécessite des recherches approfondies et des stratégies de gestion des risques pour gérer efficacement leur volatilité plus élevée. La diversification du portefeuille est essentielle dans l'investissement en crypto-monnaies, et équilibrer les investissements entre crypto-monnaies avec des capitalisations boursières et des liquidités variables peut améliorer la gestion des risques et les rendements potentiels. En combinant des crypto-monnaies à grande capitalisation pour la stabilité, des crypto-monnaies à moyenne capitalisation pour le potentiel de croissance et des crypto-monnaies à petite capitalisation soigneusement sélectionnées, les investisseurs peuvent obtenir un portefeuille complet qui équilibre risque et récompense.

Plusieurs facteurs influencent la capitalisation boursière et la liquidité du marché des crypto-monnaies. Le sentiment du marché et l'adoption jouent un rôle important, car un sentiment positif du marché, motivé par une adoption accrue et un intérêt institutionnel accru, peut faire augmenter la capitalisation boursière et la liquidité. Les progrès technologiques et l'innovation au sein d'un projet de cryptomonnaie contribuent également à la capitalisation boursière et à la liquidité. Les projets qui introduisent de nouvelles fonctionnalités, des solutions d'évolutivité ou améliorent la sécurité et la confidentialité suscitent souvent l'intérêt des investisseurs et contribuent à la croissance du marché. De plus, l'environnement réglementaire entourant les crypto-monnaies a un impact considérable sur la capitalisation boursière et la liquidité. Des réglementations claires et favorables peuvent renforcer la confiance des investisseurs, encourager la participation institutionnelle et stimuler la croissance du marché. À l'inverse, l'incertitude réglementaire ou des réglementations défavorables peuvent entraver le développement et la liquidité du marché. Comprendre ces facteurs et leur influence sur la capitalisation boursière et la liquidité est essentiel pour que les investisseurs puissent prendre des décisions éclairées et adapter leurs stratégies d'investissement en conséquence.

Dynamique de l'offre et de la demande

Investir dans les crypto-monnaies devient de plus en plus courant, mais cela nécessite une compréhension approfondie de la dynamique de l'offre et de la demande. L'interaction entre l'offre, qui représente la quantité disponible d'une crypto monnaie, et la demande, indiquant le niveau d'intérêt et la volonté d'acquérir cette crypto monnaie, joue un rôle central dans la détermination de son prix et du comportement du marché. Cette section explorera la dynamique complexe de l'offre et de la demande dans l'investissement en crypto-monnaie. Nous discuterons des facteurs qui influencent l'offre et la demande, de leur impact sur les prix des cryptomonnaies et des implications pour les stratégies d'investissement. En comprenant parfaitement ces dynamiques, les investisseurs peuvent prendre des décisions éclairées et naviguer en toute confiance sur le marché des crypto-monnaies.

L'offre d'une crypto monnaie fait référence au nombre total de pièces ou de jetons disponibles pour utilisation ou circulation. La distribution des pièces est déterminée par le protocole sous-jacent ou les règles établies par le projet de crypto-monnaie. Les crypto-monnaies utilisent divers mécanismes d'approvisionnement, notamment des approvisionnements fixes, inflationnistes ou déflationnistes. L'offre en circulation représente la part de l'offre totale activement négociée sur le marché.

Le minage est un processus utilisé par de nombreuses crypto-monnaies, telles que Bitcoin, pour créer de nouvelles pièces et maintenir la sécurité du réseau. Les mineurs résolvent des problèmes mathématiques complexes et ceux qui réussissent sont récompensés par des pièces de monnaie nouvellement frappées. Le taux d'émission des pièces et la difficulté d'extraction ont un impact direct sur la dynamique de l'offre d'une crypto-monnaie.

Tokenomics fait référence aux principes et règles économiques régissant une crypto-monnaie. Les tokenomics incluent souvent des mécanismes tels que le brûlage de jetons, le verrouillage de jetons ou la frappe de jetons, qui influencent la dynamique de l'offre. Ces mécanismes sont conçus pour contrôler l'inflation, créer une pénurie ou réguler la disponibilité du jeton sur le marché.

La confiance des investisseurs et l'intérêt du marché sont des moteurs importants de la demande de crypto-monnaies. Un sentiment positif résultant des progrès technologiques, des évolutions réglementaires ou de l'adoption généralisée peut augmenter la demande pour une crypto-monnaie particulière. À l'inverse, un sentiment négatif ou des événements défavorables peuvent entraîner une baisse de la demande.

Les marchés des crypto-monnaies sont souvent motivés par des activités de trading spéculatives, dans lesquelles les investisseurs achètent et vendent des crypto-monnaies dans l'espoir de profiter des mouvements de prix. La spéculation influence considérablement la dynamique de la demande, entraînant une augmentation de la pression d'achat ou de vente en fonction du sentiment du marché et des opportunités d'investissement perçues.

L'utilité et les applications réelles d'une crypto monnaie contribuent à la dynamique de sa demande. Les crypto-monnaies qui offrent des cas d'utilisation pratiques, tels que la facilitation des transactions transfrontalières, les applications de finance décentralisée (DeFi) ou la fourniture de fonctionnalités de confidentialité, attirent souvent la demande des utilisateurs et des investisseurs à la recherche de fonctionnalités spécifiques.

La dynamique de l'offre et de la demande est un facteur fondamental pour déterminer le prix des crypto-monnaies. Alors que les acheteurs se battent pour les quelques pièces encore disponibles lorsque la demande dépasse l'offre, les prix augmentent généralement. À l'inverse, les prix ont tendance à baisser lorsque l'offre dépasse la demande, les vendeurs se faisant concurrence pour trouver des acheteurs. L'équilibre entre l'offre et la demande détermine le prix de marché d'une crypto-monnaie.

Les marchés des cryptomonnaies sont réputés pour leur forte volatilité des prix, principalement due aux déséquilibres de l'offre et de la demande. Des changements rapides de sentiment des investisseurs, des changements dans l'environnement réglementaire ou des progrès technologiques peuvent entraîner d'importantes fluctuations de prix. Les investisseurs qui comprennent la dynamique de l'offre et de la demande peuvent mieux prévoir les changements de prix et contrôler les risques.

La dynamique de l'offre et de la demande crée une boucle de rétroaction sur le marché des crypto-monnaies. Les mouvements de prix influencent le sentiment des investisseurs, ce qui, à son tour, affecte la demande. À mesure que les prix augmentent, l'optimisme des investisseurs peut augmenter, entraînant une hausse de la demande. À l'inverse, une baisse des prix peut déclencher le pessimisme des investisseurs et diminuer la demande. Cette boucle de rétroaction peut amplifier les mouvements de prix, créant ainsi des tendances et des cycles sur le marché des cr ypto-monnaies.

Comprendre la dynamique de l'offre et de la demande est crucial pour mener une analyse fondamentale de l'investissement en crypto-monnaie. En analysant les facteurs sous-jacents qui influencent l'offre et la demande, les investisseurs peuvent évaluer la valeur intrinsèque d'une crypto monnaie et prendre des décisions d'investissement éclairées.

La dynamique de l'offre et de la demande peut éclairer le calendrier des investissements et les stratégies d'entrée sur le marché. L'identification des crypto-monnaies présentant des contraintes d'offre potentielles ou une demande croissante peut présenter des points d'entrée favorables. La surveillance du sentiment du marché et des tendances de la demande peut aider les investisseurs à identifier les moments optimaux pour entrer ou sortir de positions.

La dynamique de l'offre et de la demande peut influencer les horizons et les stratégies d'investissement. Les investisseurs ayant une perspective à long terme peuvent se concentrer sur les crypto-monnaies dotées de fondamentaux solides, anticipant une demande croissante au fil du temps. Grâce à des stratégies de trading actives, les traders à court terme peuvent tirer parti des déséquilibres de l'offre et de la demande pour profiter des fluctuations des prix.

La prise en compte de la dynamique de l'offre et de la demande lors de la construction d'un portefeuille de cryptomonnaies peut améliorer la diversification. La combinaison de crypto-monnaies avec des dynamiques d'offre et des moteurs de demande variables peut aider à équilibrer les risques et potentiellement à saisir des opportunités dans différentes conditions de marché.

Les progrès technologiques et l'innovation dans les projets de crypto-monnaie peuvent avoir un impact sur la dynamique de l'offre et de la demande. Les améliorations en matière d'évolutivité, de fonctionnalités de confidentialité ou d'améliorations des services publics peuvent attirer une demande accrue et avoir un impact positif sur les prix.

L'environnement réglementaire et l'adoption institutionnelle façonnent considérablement la dynamique de l'offre et de la demande. Des réglementations claires et favorables peuvent renforcer la confiance des investisseurs et stimuler la demande. De même, une adoption institutionnelle accrue et une acceptation générale peuvent stimuler la demande de crypto-monnaies.

Des facteurs économiques et géopolitiques plus larges peuvent également influencer la dynamique de l'offre et de la demande. La stabilité financière, les préoccupations liées à l'inflation ou l'évolution politique peuvent avoir un impact sur le sentiment des investisseurs et sur la demande de crypto-monnaies en tant qu'actifs alternatifs.

Volatilité et fluctuations des prix

L'investissement en crypto-monnaie est devenu une voie d'investissement célèbre et dynamique, attirant divers investisseurs. Cependant, la volatilité inhérente au marché des cryptomonnaies et les fluctuations des prix nécessitent une compréhension approfondie des stratégies d'investissement efficaces. Cette section explorera le concept de volatilité et de fluctuations de prix dans l'investissement en crypto-monnaie. Nous discuterons des facteurs contribuant à la volatilité, des implications pour les investisseurs et des stratégies permettant de naviguer sur ce marché dynamique. Les investisseurs peuvent prendre des décisions éclairées et gérer les risques en comprenant la nature de la volatilité et des fluctuations des prix.

La volatilité fait référence au degré de variation du prix d'un actif sur une période donnée. Dans les crypto-monnaies, la volatilité est une caractéristique importante en raison de plusieurs facteurs. Ces facteurs comprennent le sentiment et la manipulation du marché, les développements technologiques et l'environnement réglementaire.

Les marchés des cryptomonnaies sont fortement influencés par le sentiment du marché. Des nouvelles réjouissantes, telles que le soutien réglementaire ou l'adoption par les institutions traditionnelles, peuvent alimenter l'optimisme des investisseurs et faire monter les prix. À l'inverse, des informations négatives ou des incertitudes peuvent entraîner un pessimisme sur le marché et une baisse des prix.

La liquidité relativement faible du marché des cryptomonnaies et l'absence de réglementation le rendent vulnérable aux manipulations de marché. Des activités telles que les programmes de pompage et de dumping ou les échanges coordonnés peuvent gonfler ou dégonfler artificiellement les prix, exacerbant la volatilité et créant des fluctuations de prix imprévisibles.

Les progrès technologiques au sein de l'écosystème des cryptomonnaies jouent un rôle important dans la volatilité des prix. Les mises à jour des protocoles sous-jacents, les vulnérabilités de sécurité ou les solutions d'évolutivité peuvent déclencher des mouvements de prix rapides en fonction de la perception du marché de la valeur de la technologie et de son impact potentiel.

L'environnement réglementaire entourant les crypto-monnaies continue d'évoluer.

Les
changements de réglementation ou les interventions gouvernementales peuvent introduire des incertitudes et avoir un impact significatif sur le sentiment du marché. Des réglementations favorables peuvent renforcer la confiance des investisseurs et accroître l'appréciation des prix, tandis que des mesures restrictives peuvent générer des ventes massives à l'échelle du marché.

La forte volatilité des crypto-monnaies a plusieurs implications pour les investisseurs, nécessitant un examen attentif et une gestion des risques.

La volatilité présente à la fois des opportunités et des risques. Si les fluctuations de prix peuvent générer des bénéfices substantiels si elles sont correctement planifiées, elles risquent également d'entraîner des pertes importantes si les investissements ne sont pas gérés efficacement. Les investisseurs doivent évaluer leur tolérance au risque et leurs objectifs d'investissement à la lumière de la nature volatile du marché des cr ypto-monnaies.

Les fluctuations extrêmes des prix sur le marché des crypto-monnaies peuvent susciter de fortes émotions chez les investisseurs. La peur de rater quelque chose (FOMO) peut pousser les investisseurs à entrer sur le marché pendant les périodes d'appréciation rapide des prix, tandis que la peur et la panique peuvent conduire à des ventes impulsives en période de ralentissement du marché. Les décisions motivées par les émotions peuvent entraver les stratégies d'investissement à long terme et conduire à des résultats sous-optimaux.

La volatilité des cryptomonnaies crée également des opportunités de trading pour les investisseurs ayant des stratégies de trading à court terme. Les traders peuvent chercher à capitaliser sur les fluctuations des prix en utilisant des stratégies d'analyse technique, de trading avec effet de levier ou d'arbitrage. Cependant, le trading actif nécessite de l'expertise, de l'expérience et une gestion diligente des risques pour naviguer avec succès sur un marché volatil.

Naviguer sur le marché volatil des cryptomonnaies nécessite des stratégies réfléchies de gestion des risques et de capitaliser sur les opportunités.

L'adoption d'une approche d'investissement à long terme peut aider les investisseurs à atténuer l'impact de la volatilité à court terme. En se concentrant sur la valeur fondamentale des crypto-monnaies, comme la technologie, le potentiel d'adoption et la demande du marché, les investisseurs peuvent se positionner pour une croissance à long terme. Cette approche nécessite de la patience, de la résilience et un engagement envers la valeur sous-jacente des investissements.

La diversification est une stratégie clé de gestion des risques sur des marchés volatils. Répartir les investissements sur différentes crypto-monnaies, secteurs industriels ou classes d'actifs peut aider à atténuer l'impact des fluctuations de prix individuelles. La diversification doit s'accompagner d'une recherche approfondie et d'une compréhension du profil risque-récompense de chaque investissement.

La mise en œuvre de stratégies robustes de gestion des risques est cruciale lorsque l'on investit dans des actifs volatils. La définition d'ordres stop-loss appropriés, la définition de seuils de risque et l'utilisation de techniques de dimensionnement des positions peuvent aider à limiter les pertes potentielles. De plus, les investisseurs doivent éviter d'investir plus que ce qu'ils peuvent se permettre de perdre et maintenir une perspective à long terme pour éviter de prendre des décisions impulsives basées sur des mouvements de prix à court terme.

Effectuer une analyse fondamentale approfondie est essentiel pour identifier les crypto-monnaies dotées de fondamentaux sous-jacents solides. L'évaluation de facteurs tels que la technologie, le potentiel du marché, l'expertise de l'équipe et les cas d'utilisation réels peuvent aider les investisseurs à prendre des décisions d'investissement éclairées. L'analyse fondamentale fournit une base solide pour les stratégies d'investissement à long terme.

La volatilité observée sur le marché des cryptomonnaies devrait diminuer à mesure que le marché mûrit et gagne en acceptation.

La maturité du marché est attendue à mesure que le marché des cryptomonnaies évolue et que les cadres réglementaires sont mieux définis. Une implication institutionnelle accrue, une adoption généralisée et des progrès technologiques contribuent à la stabilisation du marché au fil du temps.

La volatilité joue un rôle crucial dans la détermination des prix et l'efficacité du marché. Les fluctuations de prix permettent aux acteurs du marché d'évaluer la juste valeur des crypto-monnaies en fonction de la dynamique de l'offre et de la demande. Une volatilité élevée peut également offrir des opportunités d'arbitrage, conduisant à des marchés plus efficaces à mesure que les investisseurs capitalisent sur les écarts de prix.

Indicateurs clés pour évaluer les crypto-monnaies

Avec la prolifération des cryptomonnaies, les investisseurs sont confrontés au défi d'évaluer la vaste gamme d'options disponibles. Il est essentiel d'analyser les crypto-monnaies sur la base de mesures clés qui fournissent un aperçu de leur valeur potentielle, de leur stabilité et de leurs perspectives de croissance afin de prendre des décisions d'investissement éclairées. Dans cette section, nous explorerons les indicateurs clés pour évaluer les crypto-monnaies. Nous discuterons de l'importance de chaque mesure, de la manière dont elles sont calculées et de leurs implications pour les stratégies d'investissement. En comprenant ces paramètres, les investisseurs peuvent évaluer efficacement le potentiel d'investissement des différentes crypto-monnaies et prendre des décisions éclairées.

La capitalisation boursière est une mesure fondamentale pour évaluer les crypto-monnaies. Il représente la valeur totale d'une crypto monnaie et donne un aperçu de sa taille relative et de son importance sur le marché. La capitalisation boursière est calculée en multipliant l'offre en circulation de pièces ou de jetons par le prix actuel du marché par unité. Une capitalisation boursière plus élevée indique une crypto-monnaie bien établie avec une adoption généralisée et une forte présence sur le marché. Les investisseurs peuvent considérer les crypto-monnaies avec des capitalisations boursières plus importantes comme plus stables et potentiellement moins risquées. Cependant, il est essentiel de noter que la capitalisation boursière ne doit pas à elle seule être le seul facteur dans les décisions d'investissement, car elle ne tient pas compte de la valeur fondamentale ou du potentiel de croissance d'une crypto monnaie.

Le volume des transactions est une mesure clé qui reflète le niveau d'activité du marché d'une crypto monnaie. Il représente la valeur totale des transactions exécutées sur une période spécifique, généralement dans les 24 heures. Des volumes de transactions plus élevés indiquent une plus grande liquidité et un plus grand intérêt du marché pour une crypto-monnaie. L'analyse du volume des échanges fournit un aperçu du niveau de dynamique de l'offre et de la demande ainsi que du sentiment général du marché. Des volumes de transactions plus élevés suggèrent généralement un marché plus liquide avec des opportunités accrues d'achat et de vente. Les investisseurs considèrent souvent les crypto-monnaies avec des volumes de transactions plus élevés comme plus attrayants en raison de la facilité d'exécution des transactions et de l'efficacité potentielle des prix. Cependant, il est essentiel de considérer le volume des transactions en conjonction avec d'autres mesures pour comprendre de manière globale la dynamique du marché d'une crypto monnaie.

L'examen de l'évolution des prix d'une crypto-monnaie sur différentes périodes est crucial pour évaluer ses rendements historiques et sa croissance future potentielle. Les mesures de performance des prix, telles que les rendements quotidiens, hebdomadaires, mensuels ou annuels, fournissent un aperçu de la volatilité et de la rentabilité potentielle d'une crypto-monnaie. Comparer l'évolution des prix d'une crypto-monnaie à d'autres crypto-monnaies ou à des indices de référence peut aider les investisseurs à évaluer sa force relative et son potentiel de génération de rendements. Cependant, il est essentiel de prendre en compte les conditions plus larges du marché et les facteurs qui déterminent l'évolution des prix, ainsi que les risques spécifiques associés à la cryptomonnaie évaluée.

Le retour sur investissement (ROI) est une mesure qui quantifie la rentabilité d'un investissement. Il mesure le pourcentage de gain ou de perte généré par un investissement sur une période spécifique. Le calcul du retour sur investissement

d'une

crypto-monnaie nécessite de comparer l'investissement initial avec la valeur actuelle, en tenant compte des éventuels dividendes, récompenses de mise ou gains en capital. Le retour sur investissement permet aux investisseurs d'évaluer la performance de l'investissement en crypto-monnaie et de la comparer à des opportunités d'investissement alternatives. Cependant, il est essentiel de noter que le retour sur investissement historique ne garantit pas les performances futures et doit être pris en compte avec d'autres mesures et facteurs.

L'activité de développement mesure le niveau d'innovation et de progrès au sein d'un projet de cryptomonnaie. Il examine les validations de code, les mises à jour, l'engagement de la communauté et les contributions des développeurs. Une activité de développement élevée suggère une équipe de développement active et dévouée, des améliorations continues de la technologie et un potentiel de croissance future. Les investisseurs considèrent souvent que les crypto-monnaies ayant une activité de développement dynamique ont de plus grandes chances de succès et de durabilité à long terme. Cependant, il est essentiel de mener des recherches plus approfondies et d'envisager d'autres mesures pour évaluer l'impact potentiel des activités de développement sur la valeur d'une crypto monnaie.

L'engagement communautaire mesure le niveau d'implication, de soutien et d'adoption au sein de la communauté des crypto-monnaies. Il comprend des mesures telles que la taille de la communauté, la présence sur les réseaux sociaux, les discussions actives et la participation aux événements communautaires. Un fort engagement communautaire indique une base d'utilisateurs passionnés et dévoués qui contribue au développement et à l'adoption de la cryptomonnaie. Les investisseurs considèrent souvent que les crypto-monnaies dotées de communautés actives et solidaires ont un potentiel de croissance plus élevé et une adoption généralisée. Cependant, il est essentiel d'évaluer la qualité et la nature de l'engagement communautaire ainsi que l'alignement des objectifs de la communauté sur le succès à long terme de la cryptomonnaie.

L'analyse fondamentale consiste à évaluer la technologie sous-jacente d'une crypto monnaie, ses cas d'utilisation et son potentiel d'adoption. Il examine l'évolutivité, la sécurité, la décentralisation, l'utilité et les applications réelles de la technologie. L'analyse fondamentale aide les investisseurs à évaluer la valeur intrinsèque d'une crypto monnaie et ses perspectives de croissance à long terme. Les investisseurs peuvent identifier les crypto-monnaies dotées de bases technologiques solides et de cas d'utilisation pratiques susceptibles de stimuler la demande et l'adoption futures en analysant les facteurs fondamentaux.

Les considérations réglementaires et juridiques jouent un rôle important dans l'évaluation des crypto-monnaies. Les investisseurs doivent évaluer l'environnement réglementaire dans lequel une cryptomonnaie opère, y compris le respect des lois et réglementations applicables. Une réglementation claire et des cadres juridiques favorables peuvent créer un environnement favorable à la croissance et à l'adoption. À l'inverse, des incertitudes réglementaires ou des réglementations défavorables peuvent introduire des risques et freiner le développement d'une crypto monnaie. Les investisseurs doivent tenir compte du paysage juridique et réglementaire ainsi que de l'impact potentiel sur la valeur et la viabilité à long terme de la cryptomonnaie.

Évaluer les risques potentiels associés à une cryptomonnaie est essentiel pour une prise de décision éclairée. L'analyse des risques implique l'identification et l'évaluation de facteurs tels que la volatilité du marché, les risques technologiques, les risques réglementaires, les vulnérabilités en matière de sécurité, la gouvernance du projet et la concurrence. En effectuant une analyse complète des risques, les investisseurs peuvent évaluer les inconvénients et les défis potentiels liés à l'investissement dans une crypto-monnaie particulière. Cette analyse aide les investisseurs à prendre des décisions éclairées et à mettre en œuvre des stratégies de gestion des risques pour protéger leurs investissements.

ChapitreIV : Construireunestratégied'investissement en crypto-monnaie

Approches d'investissement à long terme ou à court terme

Les crypto-monnaies ont révolutionné le paysage de l'investissement, offrant aux investisseurs des opportunités uniques de participer à une classe d'actifs numériques en évolution rapide. Les particuliers peuvent adopter une approche à long terme ou à court terme lorsqu'ils investissent dans les crypto-monnaies. Chaque méthode comporte des avantages et des considérations distinctes que les investisseurs doivent évaluer en fonction de leurs objectifs d'investissement, de leur tolérance au risque et de leur horizon temporel. Cette section explorera les approches d'investissement en crypto-monnaie à long et à court terme. Nous discuterons des caractéristiques, des avantages et des défis de chaque approche, en fournissant des informations pour aider les investisseurs à prendre des décisions éclairées et alignées sur leurs objectifs d'investissement.

L'investissement à long terme dans les crypto-monnaies consiste à acheter et à conserver des crypto-monnaies pendant une période prolongée, généralement mesurée en années. Les investisseurs qui adoptent cette approche se concentrent sur la croissance potentielle et l'appréciation de la valeur des crypto-monnaies à long terme. Ils visent à capitaliser sur le potentiel de transformation de la technologie blockchain, sur l'adoption du marché et sur le développement de l'écosystème des cr ypto-monnaies.

Les investisseurs à long terme peuvent bénéficier d'une appréciation substantielle des prix à mesure que les crypto-monnaies arrivent à maturité et sont largement adoptées. En détenant des investissements sur des périodes prolongées, les investisseurs peuvent réaliser des gains importants. En utilisant la trajectoire de croissance à long terme du marché des cryptomonnaies, cette stratégie permet aux investisseurs de participer à la génération de richesse à long terme.

L'investissement à long terme permet aux investisseurs de filtrer les fluctuations de prix à court terme et le bruit du marché. En adoptant une perspective plus large, les investisseurs peuvent éviter de prendre des décisions impulsives basées sur le sentiment du marché à court terme et se concentrer sur la valeur sous-jacente et le potentiel de croissance des crypto-monnaies. Cette approche encourage une stratégie d'investissement plus patiente et disciplinée, allant au-delà de la volatilité quotidienne des marchés.

L'investissement à long terme permet aux investisseurs de mener une analyse fondamentale approfondie, en évaluant la technologie, les cas d'utilisation, l'expertise de l'équipe et le potentiel du marché des crypto-monnaies. Cette analyse approfondie permet d'identifier les crypto-monnaies dotées de fondamentaux solides, augmentant ainsi les chances de succès à long terme. Les investisseurs à long terme ont le luxe de disposer de temps qu'ils peuvent utiliser pour explorer les détails, évaluer l'environnement du marché et porter des jugements fondés sur une compréhension approfondie du potentiel d'investissement.

La patience et la conviction des investisseurs à long terme peuvent être mises à l'épreuve par la volatilité importante qui est commune aux marchés des crypto-monnaies. Les fluctuations des prix et les replis des marchés peuvent mettre à mal la confiance des investisseurs et nécessiter une perspective à long terme pour surmonter les turbulences des marchés à court terme. La capacité à résister à la volatilité inhérente au marché des cryptomonnaies est cruciale pour les investisseurs à long terme.

Certaines crypto-monnaies, en particulier celles qui en sont aux premiers stades de développement, peuvent avoir une liquidité limitée. Ce manque de liquidité peut rendre difficile l'achat ou la vente de grandes quantités de crypto-monnaies, affectant potentiellement la gestion et la flexibilité du portefeuille. Les investisseurs à long terme doivent tenir compte du profil de liquidité des crypto-monnaies dans lesquelles ils investissent, afin de s'assurer qu'ils peuvent rapidement entrer et sortir de positions lorsque cela est nécessaire.

L'environnement réglementaire entourant les crypto-monnaies continue d'évoluer et les incertitudes peuvent introduire des risques pour les investisseurs à long terme. Les changements de réglementation ou les interventions gouvernementales peuvent avoir un impact sur le sentiment du marché et affecter la viabilité à long terme des crypto-monnaies. Les investisseurs à long terme doivent se tenir informés des évolutions réglementaires et évaluer les implications potentielles sur leurs investissements.

L'approche d'investissement à court terme dans les crypto-monnaies consiste à acheter et à vendre des crypto-monnaies dans un délai relativement court, souvent mesuré en jours, semaines ou mois. Les investisseurs à court terme, souvent appelés traders, cherchent à profiter de la volatilité des prix et à capitaliser sur les mouvements de prix à court terme dictés par le sentiment du marché, l'analyse technique et les stratégies de trading.

L'investissement à court terme permet aux traders de profiter des fluctuations de prix à court terme et de générer des bénéfices rapides. En surveillant activement le marché, en exécutant des transactions au bon moment et en utilisant l'analyse technique, les traders visent à capturer les mouvements de prix à court terme et à profiter des inefficacités du marché. Cette approche exploite la volatilité des prix à court terme pour générer des rendements dans un délai plus court.

L'investissement à court terme offre une flexibilité concernant les stratégies de trading, permettant aux traders de s'adapter aux conditions changeantes du marché. Ils peuvent rapidement ajuster leurs positions, entrer ou sortir de transactions et capitaliser sur les tendances émergentes ou les opportunités du marché. Cette approche permet aux traders de réagir rapidement aux évolutions du marché et d'adapter leurs stratégies en conséquence.

Les traders à court terme se concentrent souvent sur les crypto-monnaies avec des volumes de transactions et une liquidité élevés. Cela garantit la facilité d'exécution de leurs transactions, leur permettant d'entrer ou de sortir de positions efficacement sans impact significatif sur les prix du marché. La liquidité est cruciale pour les traders à court terme qui doivent exécuter des transactions rapidement pour capitaliser sur des opportunités à court terme.

Réussir à synchroniser le marché est un défi, même pour les traders expérimentés. Prédire avec précision les mouvements de prix à court terme nécessite une compréhension approfondie des tendances du marché, une analyse technique et le sentiment du marché. Un timing incorrect peut entraîner des pertes ou des opportunités manquées. Les traders à court terme doivent posséder les compétences, les connaissances et la discipline nécessaires pour analyser les conditions du marché et exécuter les transactions au bon moment.

L'investissement à court terme peut être exigeant sur le plan émotionnel, car les traders doivent prendre des décisions rapides en fonction des mouvements du marché.
La prise de décision motivée par les émotions peut conduire à des transactions impulsives, ce qui peut avoir un impact sur la rentabilité et introduire des risques plus élevés. Les traders à court terme doivent cultiver la discipline et la résilience émotionnelle pour prendre des décisions objectives basées sur leurs stratégies de trading.

L'investissement à court terme nécessite une solide compréhension de l'analyse technique, des stratégies de trading et des techniques de gestion des risques. Les traders doivent continuellement se former, affiner leurs stratégies et s'adapter à l'évolution des conditions du marché. La compétence technique est essentielle pour que les traders à court terme puissent analyser les graphiques de prix, identifier les modèles et exécuter efficacement les transactions.
L'investissement à court terme nécessite un investissement de temps important, car les traders doivent surveiller activement le marché, analyser les graphiques et exécuter les transactions rapidement. Cela nécessite du dévouement et des efforts continus pour rester informé des évolutions du marché. Les traders à court terme doivent être prêts à consacrer beaucoup de temps et d'énergie à leurs activités de trading.

Les investisseurs doivent aligner l'approche qu'ils ont choisie sur leurs objectifs d'investissement. L'investissement à long terme peut convenir aux personnes recherchant une appréciation significative du capital sur une période prolongée, tandis que l'investissement à court terme peut convenir à ceux qui cherchent à générer des bénéfices rapides grâce à des stratégies de trading actives. Comprendre les objectifs d'investissement personnel est crucial pour déterminer l'approche appropriée.

La tolérance au risque joue un rôle crucial dans la détermination de l'approche d'investissement privilégiée. Les investisseurs à long terme ayant une tolérance au risque plus élevée peuvent être plus résilients aux fluctuations de prix à court terme, tandis que les traders à court terme doivent être à l'aise avec les risques potentiels associés aux mouvements rapides du marché. L'évaluation de la tolérance au risque est essentielle pour que les investisseurs puissent prendre des décisions éclairées qui correspondent à leur niveau de confort.

L'investissement à long terme nécessite moins de surveillance active et d'engagement de temps que le trading à court terme. Les investisseurs disposant d'une disponibilité limitée dans le temps peuvent trouver l'approche à long terme plus adaptée car elle permet une stratégie d'investissement plus autonome. Les traders à court terme doivent consacrer beaucoup de temps à surveiller les tendances du marché, à analyser les graphiques et à exécuter les transactions en temps opportun.

Quelle que soit l'approche choisie, la diversification du portefeuille est importante. La diversification entre différentes crypto-monnaies, classes d'actifs ou stratégies d'investissement peut aider à atténuer les risques et à équilibrer les rendements potentiels. La diversification est une technique essentielle de gestion des risques permettant aux investisseurs de répartir leurs investissements sur divers actifs, réduisant ainsi l'exposition à toute crypto-monnaie.

Les investisseurs à long terme et à court terme doivent mettre en œuvre des stratégies solides de gestion des risques. Cela comprend la définition de seuils de risque, la diversification des investissements, l'utilisation d'ordres stop-loss et la surveillance continue des performances du portefeuille. La gestion des risques est cruciale pour protéger les actifs et minimiser les pertes potentielles.

Diversification et allocation de portefeuille

Les crypto-monnaies sont devenues une classe d'actifs très appréciée pour les investissements, avec un potentiel de rendement élevé, mais aussi avec des risques inhérents. Comme pour tout investissement, la diversification et la répartition du portefeuille jouent un rôle crucial dans la gestion des risques et la maximisation des rendements. Cette section explorera le concept de diversification et d'allocation de portefeuille dans les crypto-monnaies. Nous discuterons de l'importance de la diversification, des avantages de l'allocation de portefeuille, des stratégies de diversification des portefeuilles de crypto-monnaies et des considérations pour une allocation de portefeuille efficace. En comprenant ces principes, les investisseurs peuvent constituer des portefeuilles bien équilibrés et naviguer en toute confiance sur le marché volatil des crypto-monnaies.

La répartition du capital d'investissement sur plusieurs actifs ou classes d'actifs est connue sous le nom de diversification et constitue une approche de gestion des risques. En garantissant que les bénéfices des autres investissements compensent largement les pertes d'un investissement, l'objectif principal de la diversification est de réduire l'impact des événements négatifs sur le portefeuille dans son ensemble. La diversification devient cruciale dans le contexte des crypto-monnaies en raison de la forte volatilité et de l'incertitude associée à cette classe d'actifs.

L'un des principaux avantages de la diversification est l'atténuation des risques. Les investisseurs peuvent réduire leur exposition à la volatilité inhérente à n'importe quel actif en diversifiant leurs avoirs dans une variété de crypto-monnaies. Cette approche permet d'amortir l'impact des mouvements de prix défavorables et de stabiliser l'ensemble du portefeuille. De plus, la diversification permet aux investisseurs de profiter des avantages potentiels de plusieurs crypto-monnaies. Si certaines crypto-monnaies peuvent connaître une croissance significative, d'autres peuvent avoir des performances moins favorables. En se diversifiant, les investisseurs augmentent leurs chances de bénéficier des gagnants et d'atténuer l'impact des actifs sous-perfor mants.

De plus, la diversification offre une exposition à différents facteurs de marché. Les crypto-monnaies sont influencées par divers facteurs tels que les progrès technologiques, les évolutions réglementaires, le sentiment du marché et les taux d'adoption. En se diversifiant dans différentes crypto-monnaies, les investisseurs peuvent s'exposer à ces divers facteurs de marché, réduisant ainsi le risque de concentration dans un domaine particulier et saisissant les opportunités découlant de diverses dynamiques de marché.

L'allocation de portefeuille consiste à déterminer l'allocation optimale du capital d'investissement entre différents actifs ou classes d'actifs au sein d'un portefeuille. Il prend en compte l'appétit pour le risque, les objectifs d'investissement et les conditions du marché d'un investisseur pour construire un portefeuille bien équilibré.

Une allocation de portefeuille efficace offre plusieurs avantages. Avant tout, il aide à gérer les risques en diversifiant les investissements dans différentes crypto-monnaies. En répartissant les investissements sur plusieurs actifs, les investisseurs peuvent réduire leur exposition à une seule crypto-monnaie. Cette approche permet de protéger le portefeuille des pertes importantes pouvant résulter de la sous-performance d'un seul actif.

Un autre avantage de la répartition du portefeuille est la préservation du capital. En répartissant les investissements entre différentes crypto-monnaies avec des profils de risque variés, les investisseurs peuvent protéger leur capital contre des pertes substantielles. Même si une crypto-monnaie connaît un ralentissement, la performance des autres actifs du portefeuille peut compenser ces pertes, offrant ainsi un niveau de stabilité à l'ensemble du portefeuille.

L'allocation de portefeuille vise également à optimiser les rendements en allouant stratégiquement le capital aux crypto-monnaies à fort potentiel de croissance tout en gérant les risques. En se diversifiant dans diverses crypto-monnaies, les investisseurs peuvent capter le potentiel de hausse de différents actifs et optimiser les rendements globaux du portefeuille. De plus, l'allocation de portefeuille permet aux investisseurs de profiter d'autres tendances et opportunités du marché dans l'écosystème des cr ypto-monnaies.

Il existe diverses stratégies que les investisseurs peuvent utiliser pour diversifier leurs portefeuilles de cryptomonnaies. Deux méthodes courantes incluent la diversification par le nombre de crypto-monnaies et par segments de marché.

La diversification par le nombre de crypto-monnaies implique de sélectionner un groupe central doté de fondamentaux solides et d'un potentiel de croissance à long terme. Ces titres de base constituent la base du portefeuille et une part importante du capital leur est allouée. De plus, les investisseurs peuvent adopter une approche globale en se diversifiant sur une gamme plus large de crypto-monnaies. Cette approche répartit les investissements sur plusieurs actifs, avec des pourcentages plus faibles alloués à chaque crypto-monnaie. Cette stratégie permet de s'exposer à de nombreuses crypto-monnaies et réduit la dépendance à l'égard d'un seul actif.

La diversification par segments de marché implique de répartir les investissements entre différents segments ou secteurs de l'écosystème des cryptomonnaies. Cette approche permet aux investisseurs de s'exposer à divers secteurs tels que la finance, les jeux, les applications décentralisées ou la chaîne d'approvisionnement. En se diversifiant dans différents secteurs, les investisseurs peuvent saisir les opportunités de croissance potentielles au sein de chaque segment et réduire le risque de concentration dans un seul domaine.

Une allocation de portefeuille efficace nécessite un examen attentif de plusieurs facteurs. Une considération importante est la tolérance au risque et les objectifs d'investissement d'un investisseur. Les investisseurs agressifs peuvent allouer un pourcentage plus élevé de leur portefeuille aux crypto-monnaies ayant un potentiel de croissance plus élevé, tandis que les investisseurs conservateurs peuvent donner la priorité à la préservation du capital et allouer une plus grande part à des crypto-monnaies plus stables. Il est essentiel d'aligner la stratégie d'allocation de portefeuille sur le profil de risque et les objectifs à long terme de l'investisseur.

Des recherches approfondies et une diligence raisonnable sont également essentielles à l'allocation du portefeuille. Les investisseurs doivent évaluer les fondamentaux, la technologie, les perspectives du marché et le paysage réglementaire de chaque crypto-monnaie avant de prendre des décisions d'allocation. Comprendre les risques et les avantages potentiels de chaque actif est essentiel pour prendre des décisions éclairées.

Un suivi et un rééquilibrage réguliers du portefeuille sont essentiels pour garantir que l'allocation reste alignée sur les objectifs d'investissement. Les marchés des crypto-monnaies sont très dynamiques et les conditions du marché peuvent changer rapidement. Surveiller la performance du portefeuille et procéder aux ajustements nécessaires permet aux investisseurs de s'adapter aux conditions changeantes du marché et de maintenir une allocation bien équilibrée.

La mise en œuvre de techniques de gestion des risques est une autre considération cruciale pour une allocation efficace du portefeuille. La définition d'ordres stop-loss, de trailing stop ou de stratégies de couverture peut aider à protéger les investissements et à gérer les risques de baisse. La gestion des risques doit faire partie intégrante de

l'allocation du portefeuille pour garantir la préservation du capital et minimiser les per
tes.

Analyse fondamentale et recherche de crypto-monnaies

Il est crucial d'utiliser des méthodes efficaces d'analyse et de recherche sur les crypto-monnaies à mesure que le marché des crypto-monnaies se développe et attire les investisseurs. L'analyse fondamentale joue un rôle essentiel dans la compréhension de la valeur intrinsèque et des perspectives à long terme des crypto-monnaies. Dans cette section, nous explorerons le concept d'analyse fondamentale et son application dans la recherche sur les crypto-monnaies. Nous discuterons de l'importance de l'analyse fondamentale, des facteurs clés à prendre en compte lors de l'évaluation des crypto-monnaies, des méthodologies de recherche et des outils pour faciliter le processus de recherche. En employant des techniques d'analyse fondamentale solides, les investisseurs peuvent prendre en toute confiance des décisions éclairées et naviguer sur le marché dynamique des crypto-monnaies.

L'analyse fondamentale évalue un actif d'investissement en fonction de sa valeur intrinsèque et des facteurs sous-jacents qui déterminent sa valeur. Dans le contexte des crypto-monnaies, l'analyse fondamentale consiste à évaluer divers aspects tels que la technologie, l'équipe, l'adoption, la demande du marché et l'environnement

réglementaire pour déterminer la valeur potentielle et la viabilité à long terme d'une cr
ypto-monnaie.

L'importance de l'analyse fondamentale réside dans sa capacité à identifier la valeur et
à fournir une perspective à long terme. En comprenant les facteurs fondamentaux de
la valeur d'une crypto monnaie, les investisseurs peuvent prendre des décisions
éclairées sur son potentiel d'investissement. Les marchés des cryptomonnaies sont
connus pour leur volatilité et leurs fluctuations de prix à court terme, et l'analyse
fondamentale aide les investisseurs à se concentrer sur la valeur intrinsèque d'une
crypto monnaie plutôt que sur le sentiment du marché à court terme.

Lors de l'évaluation des crypto-monnaies, plusieurs facteurs clés doivent être pris en
compte. Ces facteurs donnent un aperçu de la technologie, de l'équipe, de la demande
du marché, de la concurrence et de l'environnement réglementaire entourant une
cr ypto-monnaie.

La technologie et l'innovation derrière une crypto-monnaie sont des considérations
cruciales. L'évaluation de la technologie sous-jacente, de l'évolutivité, de la sécurité, de
la vitesse des transactions et du mécanisme de consensus permet de déterminer sa
valeur potentielle. De plus, comprendre le cas d'utilisation et le potentiel d'adoption
d'une crypto-monnaie donne un aperçu de son application dans le monde réel et de
ses perspectives de croissance.

L'équipe et la communauté derrière une cryptomonnaie jouent un rôle important dans
son succès. L'évaluation de l'expertise et de l'expérience de l'équipe de
développement, ainsi que de la taille et de l'engagement de la communauté, permet
d'évaluer la crédibilité et le potentiel de la cryptomonnaie.

La demande du marché et la concurrence sont également des facteurs importants à
prendre en compte. L'analyse de la taille du marché, de la demande potentielle et du
paysage concurrentiel fournit un aperçu du potentiel de croissance et de la durabilité
d'une crypto-monnaie. De plus, l'évaluation de l'avantage concurrentiel d'une crypto
monnaie, comme les partenariats, la propriété intellectuelle ou les avancées
technologiques, aide à déterminer son succès à long terme sur un marché
concur rentiel.

L'environnement réglementaire est un autre aspect crucial de l'évaluation des
crypto-monnaies. L'évaluation de la conformité réglementaire et de la capacité d'une

crypto monnaie à s'adapter à l'évolution des réglementations est importante pour sa viabilité à long terme. Le soutien du gouvernement et les initiatives réglementaires ont également un impact sur l'adoption et le potentiel de croissance des crypto-monnaies.

Diverses méthodologies et outils peuvent être utilisés pour rechercher et évaluer efficacement les crypto-monnaies.

Une étape cruciale du processus de recherche consiste à faire preuve de diligence raisonnable. L'examen du livre blanc du projet et d'autres documents fournit un aperçu de ses objectifs, de sa technologie et de sa feuille de route. De plus, mener des recherches de base sur les membres de l'équipe principale et le conseil consultatif permet d'évaluer leurs qualifications et leur expertise.

L'analyse technique peut aider à évaluer les crypto-monnaies. L'analyse des données historiques sur les prix, des tendances et des modèles du marché permet d'identifier les opportunités et les risques potentiels. Les outils et indicateurs d'analyse technique aident à prendre des décisions commerciales éclairées. La surveillance du sentiment du marché via les plateformes de médias sociaux, les médias et les forums en ligne fournit des informations supplémentaires sur la perception des investisseurs.

Les mesures fondamentales sont essentielles pour évaluer les crypto-monnaies. La capitalisation boursière, représentant la valeur globale et la taille relative au sein du marché, donne un aperçu de la position d'une crypto monnaie. Les mesures d'adoption, telles que le nombre de portefeuilles, d'utilisateurs actifs, le volume des transactions et les partenariats, aident à évaluer l'adoption et l'utilisation dans le monde réel.

Analyse technique et modèles de graphiques

Le monde des crypto-monnaies est dynamique et volatil, il est donc essentiel pour les investisseurs de disposer d'outils adéquats pour comprendre les mouvements de prix et prendre des décisions commerciales éclairées. L'analyse technique et les modèles graphiques fournissent des informations précieuses sur le sentiment du marché, les tendances et les points d'entrée et de sortie potentiels. Dans cette section, nous explorerons le concept d'analyse technique et son application dans l'analyse des crypto-monnaies. Nous discuterons de l'importance de l'analyse technique, des principes fondamentaux et des indicateurs utilisés dans l'analyse graphique, des modèles graphiques courants et des stratégies d'utilisation de l'analyse technique dans le trading de crypto-monnaies. En employant des techniques d'analyse technique solides, les investisseurs peuvent améliorer leur compréhension du marché des cryptomonnaies et améliorer leurs résultats commerciaux.

L'analyse technique est une technique permettant d'évaluer les investissements à l'aide de données de marché et de données de prix antérieures. Il se concentre sur l'identification de modèles, de tendances et d'indicateurs dans les graphiques de prix pour prédire les mouvements futurs des prix. Dans le domaine des crypto-monnaies, l'analyse technique fournit des informations sur le sentiment du marché, le comportement des investisseurs et les tendances potentielles des prix.

L'importance de l'analyse technique réside dans sa capacité à identifier les tendances des prix et les points tournants potentiels. Les investisseurs peuvent prendre des décisions éclairées concernant l'achat, la vente ou la détention de crypto-monnaies en analysant les tendances historiques des prix et en utilisant divers indicateurs. L'analyse technique, connue pour sa volatilité et ses mouvements rapides de prix, est particulièrement utile sur le marché des crypto-monnaies.

L'analyse technique s'appuie fortement sur les notions de niveaux de support et de résistance. Le support est un niveau de prix sur lequel les acheteurs sont censés exercer suffisamment de pression pour empêcher le prix de baisser davantage. En revanche, la résistance est un niveau de prix pour lequel on s'attend à ce que la pression à la vente soit suffisamment intense pour empêcher le prix de monter davantage. Ces niveaux sont identifiés sur la base de données de prix historiques et peuvent agir comme des barrières ou des tournants pour le prix.

L'analyse des tendances est un aspect essentiel de l'analyse technique. Il s'agit d'identifier la direction de la tendance des prix et de déterminer s'il s'agit d'une tendance haussière, baissière ou latérale. L'analyse des tendances aide les investisseurs à comprendre le sentiment général du marché et à prendre des décisions qui s'alignent sur la tendance dominante.

Les moyennes mobiles sont des indicateurs largement utilisés en analyse technique. Ils aident à atténuer les fluctuations de prix et à identifier les tendances potentielles. Les moyennes mobiles simples (SMA) et les moyennes mobiles exponentielles (EMA) sont les deux types de moyennes mobiles les plus populaires. Les niveaux de support et de résistance, les inversions de tendance et les points d'entrée ou de sortie potentiels peuvent tous être trouvés à l'aide de moyennes mobiles.

Les oscillateurs sont des indicateurs qui oscillent dans une plage spécifique, fournissant un aperçu des conditions de surachat ou de survente. Ils aident à identifier les retournements de prix potentiels ou l'épuisement des tendances. La divergence de convergence moyenne mobile, l'indice de force relative et l'oscillateur stochastique sont quelques exemples d'oscillateurs courants utilisés dans l'analyse technique.

Les modèles d'inversion indiquent un changement potentiel dans la tendance dominante. Ces modèles se produisent souvent après une tendance haussière ou baissière prolongée et peuvent fournir des signaux précoces d'inversions de tendance. Certains modèles d'inversion courants sont les suivants :

Tête et épaules, ce modèle se compose de trois sommets, le sommet du milieu (la tête) étant plus haut que les deux autres (les épaules). Cela suggère un renversement potentiel de tendance haussière à baissière.

Double Top et Double Bottom, ces modèles se produisent lorsque le prix atteint deux fois un niveau de résistance (double top) ou deux fois un niveau de support (double bottom) sans franchir. Ils indiquent un potentiel renversement de tendance.

Les modèles de continuation indiquent une pause temporaire dans la tendance dominante, suivie d'une reprise de la tendance. Ces tendances suggèrent que le marché reprend son souffle avant de poursuivre dans la même direction. Certains modèles de continuation courants sont les suivants :

Les drapeaux et les fanions sont des modèles de consolidation à court terme qui se produisent après un mouvement de prix important. Ils indiquent généralement une continuation de la tendance existante.

Les lignes de tendance convergentes, qui représentent une période de consolidation, forment le motif triangulaire symétrique. Une cassure de cette tendance peut conduire à une poursuite de la tendance précédente.

Les stratégies de suivi de tendance consistent à identifier et à négocier dans le sens de la tendance dominante. Les traders peuvent utiliser des moyennes mobiles, des lignes de tendance et d'autres indicateurs de tendance pour identifier et confirmer les tendances, et saisir des transactions en conséquence. Cette approche vise à saisir l'élan du marché et à maintenir la tendance jusqu'à ce qu'elle commence à s'inverser.

Le trading de cassure consiste à entrer dans une transaction lorsque le prix dépasse un niveau de résistance ou en dessous d'un niveau de support. Les traders peuvent utiliser des modèles graphiques tels que des triangles ou des rectangles et une analyse de volume pour identifier les cassures potentielles et profiter de la dynamique des prix. Le trading en petits groupes vise à capturer les mouvements de prix importants qui se produisent après des périodes de consolidation.

Les niveaux de support et de résistance sont largement utilisés dans l'analyse technique. Les traders peuvent entrer dans des transactions lorsque le prix rebondit sur un niveau de support ou franchit un niveau de résistance, en utilisant ces niveaux comme zones pour définir des ordres stop-loss ou des objectifs de prise de profit. Le trading de supports et de résistances vise à profiter de la tendance des prix à s'inverser ou à stagner à des niveaux clés.

ChapitreV : Outilsessentielspourinvestirdansles crypto-monnaies

Actualités et sources d'informations sur les crypto-monnaies

Les crypto-monnaies fonctionnent rapidement, les conditions et les tendances du marché évoluant rapidement. Rester informé est crucial pour les investisseurs, les commerçants et les passionnés qui cherchent à naviguer dans ce paysage dynamique. Les actualités et les sources d'informations sur les crypto-monnaies constituent des canaux essentiels pour fournir des informations à jour, des analyses de marché et des informations pertinentes. Dans cette section, nous explorerons l'importance des sources d'actualités et d'informations sur les crypto-monnaies, discuterons des différents types de sources disponibles et examinerons les facteurs à prendre en compte lors de l'évaluation de leur fiabilité. En comprenant l'importance de ces sources et en procédant à une évaluation critique, les individus peuvent rester bien informés et prendre des décisions éclairées dans le monde en évolution rapide des cr ypto-monnaies.

Les sources d'information sur les crypto-monnaies offrent des informations et des analyses précieuses sur les tendances du marché, les modèles émergents et les événements notables du secteur. En restant informé des dernières nouvelles, les individus peuvent mieux comprendre le marché des cryptomonnaies, le sentiment des investisseurs et les facteurs qui influencent les mouvements de prix. De telles informations permettent aux investisseurs et aux traders de prendre des décisions éclairées et d'ajuster leurs stratégies en conséquence.

Le secteur des cryptomonnaies évolue dans un paysage réglementaire complexe, avec des réglementations qui varient selon les juridictions. Les sources d'information sur les crypto-monnaies jouent un rôle essentiel en fournissant des mises à jour sur les changements réglementaires, les développements juridiques et les politiques gouvernementales qui ont un impact sur le secteur. Rester informé de ces mises à jour aide les individus à s'adapter aux exigences de conformité, à anticiper les évolutions réglementaires et à gérer efficacement les risques associés.

Les crypto-monnaies reposent sur une technologie de pointe et il est crucial de rester informé des dernières avancées et innovations. Les sources d'information fournissent des mises à jour sur les développements technologiques, les mises à niveau de protocoles et les nouveaux projets. En suivant les avancées technologiques, les individus peuvent évaluer l'impact potentiel de crypto-monnaies spécifiques, comprendre la technologie sous-jacente et évaluer la viabilité à long terme des projets.

Les sites Web et blogs d'actualités sur les crypto-monnaies sont les principales sources d'informations, d'articles et d'analyses. Ces plateformes couvrent divers sujets, notamment les tendances du marché, les mises à jour réglementaires, les développements du secteur et les actualités spécifiques aux projets. Des exemples marquants incluent CoinDesk, CoinTelegraph et Bitcoin.com. Les sites d'information et les blogs emploient souvent des journalistes expérimentés et des experts du secteur pour fournir des informations fiables et pertinentes.

Les plateformes de médias sociaux sont devenues des canaux populaires pour partager des actualités et des informations sur les crypto-monnaies. Les groupes Twitter, Reddit et Telegram offrent des espaces permettant aux individus de partager des actualités et des idées et de discuter des crypto-monnaies. Cependant, il est essentiel de faire preuve de prudence et de vérifier les informations obtenues via les réseaux sociaux, car la désinformation et les rumeurs peuvent circuler facilement.

Les livres blancs et la documentation du projet constituent des sources inestimables pour ceux qui recherchent des informations détaillées sur des crypto-monnaies et des projets blockchain spécifiques. Les livres blancs décrivent les objectifs, les fondements technologiques, les cas d'utilisation et les caractéristiques symboliques d'un projet. L'examen des livres blancs permet aux individus d'évaluer la légitimité et le potentiel d'un projet de crypto-monnaie en fonction de ses aspects techniques et de ses fondamentaux sous-jacents.

Les forums et communautés en ligne dédiés aux crypto-monnaies offrent des plateformes de discussion, de partage de connaissances et d'engagement communautaire. Ces communautés incluent Bitcointalk, r/crypto-monnaie de Reddit et divers groupes Telegram. Ces plateformes offrent des informations précieuses, des perspectives différentes et des opportunités d'apprentissage auprès de membres expérimentés de la communauté.

Il est essentiel d'évaluer la crédibilité et l'expertise des sources d'information sur les cryptomonnaies. Des sources fiables emploient des journalistes, des analystes et des experts du secteur expérimentés qui effectuent des recherches et des analyses approfondies. Il est important de rechercher des informations auprès de sources connues pour leur exactitude, leur professionnalisme et leur engagement à fournir des informations impartiales.

Obtenir des informations provenant de diverses sources est essentiel pour comprendre globalement le marché des crypto-monnaies. Se fier uniquement à une seule source d'information peut conduire à des perspectives biaisées ou à des informations incomplètes. La consultation de plusieurs sources permet aux individus de comparer les informations, de valider les affirmations et de développer une perspective plus complète.

Compte tenu de la nature décentralisée des cryptomonnaies, la désinformation et les rumeurs peuvent se propager rapidement. Il est impératif de vérifier les faits et de vérifier les informations avant de s'y fier pour prendre des décisions. Le croisement des informations provenant de plusieurs sources fiables, la vérification des annonces officielles et la réalisation de recherches indépendantes contribuent à garantir l'exactitude et la fiabilité des informations obtenues.

Un reportage objectif et indépendant est une caractéristique fondamentale des sources d'information fiables. Il est crucial d'évaluer si une source d'information préserve son indépendance éditoriale et évite les conflits d'intérêts. La transparence concernant les affiliations, les partenariats et les parrainages est essentielle pour déterminer la crédibilité et l'intégrité des informations fournies.

Plateformes et outils analytiques

Dans le monde des crypto-monnaies, la prise de décision basée sur les données est essentielle pour réussir un investissement. Les plateformes et outils analytiques fournissent aux investisseurs des informations précieuses, des analyses de marché et des indicateurs techniques pour soutenir leurs stratégies d'investissement. Ces plates-formes offrent diverses fonctionnalités, notamment des données en temps réel, une analyse des prix historiques, un suivi de portefeuille et des capacités graphiques avancées. Dans cette section, nous explorerons l'importance des plateformes et outils analytiques dans l'investissement en crypto monnaies, discuterons des différents types de plateformes et d'outils disponibles, examinerons leurs principales caractéristiques et avantages, et approfondirons leur rôle dans l'amélioration des résultats d'investissement. Les investisseurs peuvent améliorer leurs chances de succès sur le marché dynamique et en évolution rapide des crypto-monnaies en utilisant ces ressources à leur avantage et en prenant des décisions éclairées.

Dans le domaine des crypto-monnaies, où les conditions du marché évoluent rapidement, les plateformes et outils analytiques constituent des ressources indispensables pour les investisseurs. Ces plateformes permettent aux investisseurs de prendre des décisions fondées sur des données et des informations en leur donnant accès à des données en temps réel, à des études de marché et à des indications techniques. Cette approche basée sur les données augmente la probabilité de résultats d'investissement réussis et permet aux investisseurs de naviguer dans le paysage en constante évolution des crypto-monnaies.

Les plateformes analytiques offrent des données en temps réel provenant de diverses bourses de crypto-monnaie, fournissant aux investisseurs des informations à jour sur les prix, les volumes de transactions, les carnets de commandes et les tendances du marché. Ces données permettent aux investisseurs de surveiller les conditions du marché en temps réel, d'identifier les tendances émergentes et de réagir rapidement aux mouvements du marché. De plus, ces plateformes fournissent des analyses de marché, notamment des mises à jour, des avis d'experts et des analyses du sentiment, qui aident les investisseurs à comprendre le sentiment dominant du marché et à prendre des décisions éclairées.

Les outils analytiques fournissent divers indicateurs techniques et outils graphiques, permettant aux investisseurs d'effectuer une analyse technique. Les investisseurs peuvent identifier des modèles, des tendances et des points d'entrée et de sortie potentiels en analysant les données de prix historiques et en appliquant des indicateurs techniques. Ces outils améliorent la capacité de prendre des décisions commerciales au bon moment et de capitaliser sur les opportunités du marché. De plus, des fonctionnalités graphiques avancées permettent aux investisseurs de visualiser les mouvements de prix, de suivre les niveaux de support et de résistance et de procéder à une analyse approfondie des graphiques de prix des crypto-monnaies.

Les plateformes et outils analytiques offrent des capacités de suivi de portefeuille, permettant aux investisseurs de surveiller les performances de leurs investissements en cryptomonnaies. Ces outils fournissent des informations sur la valeur du portefeuille, la répartition des actifs, les performances historiques et le retour sur investissement. En suivant les performances de leur portefeuille, les investisseurs peuvent évaluer l'efficacité de leurs stratégies d'investissement, identifier les domaines d'amélioration et prendre des décisions fondées sur les données pour optimiser leurs portefeuilles.

Les plateformes de données du marché des cryptomonnaies regroupent et fournissent des données en temps réel provenant de divers échanges de crypto-monnaies. Ces plateformes offrent des données de marché complètes, notamment les prix, les volumes de transactions, la capitalisation boursière et les données historiques sur les crypto-monnaies. Des exemples de plates-formes de données de marché cryptographiques populaires incluent CoinMarketCap, CoinGecko et CryptoCompare. Pour les investisseurs à la recherche d'informations précises et actuelles sur le marché des cryptomonnaies, ces services sont des sources incontournables.

Les plates-formes d'analyse technique offrent des capacités graphiques avancées, des indicateurs techniques et des outils de reconnaissance de formes. Ces plateformes permettent aux investisseurs d'effectuer des analyses techniques approfondies et de générer des signaux de trading. Ils offrent des fonctionnalités telles que des présentations de graphiques personnalisables, la superposition de plusieurs indicateurs et le backtesting des stratégies de trading. Des exemples marquants de plates-formes d'analyse technique incluent TradingView, Coinigy et CryptoCompare. Ces plateformes permettent aux investisseurs d'analyser les mouvements de prix, d'identifier les tendances et de prendre des décisions commerciales éclairées.

Les outils de gestion de portefeuille permettent aux investisseurs de suivre et de gérer leurs portefeuilles de crypto-monnaies. Ces outils fournissent des fonctionnalités telles que le suivi de la valeur du portefeuille en temps réel, l'analyse des performances et des informations sur l'allocation d'actifs. Ils aident les investisseurs à surveiller la performance de leur portefeuille, à identifier les actifs sous-performants et à rééquilibrer leurs portefeuilles si nécessaire. Les outils de gestion de portefeuille notables incluent Block Folio, Delta et ConStats. Ces outils rationalisent le processus de gestion de portefeuille et offrent un aperçu complet des avoirs d'un investisseur.

Les outils d'analyse des sentiments et d'écoute sociale surveillent et analysent les plateformes de médias sociaux, les articles de presse et les discussions en ligne sur les crypto-monnaies. Ces outils évaluent le sentiment et l'opinion publique concernant des crypto-monnaies spécifiques ou l'ensemble du marché. En évaluant le sentiment, les investisseurs peuvent mieux comprendre les changements de sentiment du marché, anticiper les mouvements potentiels du marché et prendre des décisions fondées sur des données. Des exemples marquants d'outils d'analyse des sentiments incluent Sentiment, The TIE et Lunar CRUSH.

Les plateformes et outils analytiques offrent des capacités de visualisation de données qui permettent aux investisseurs d'interpréter plus facilement des données complexes. En présentant les données sous forme de tableaux, de graphiques et de tableaux de bord visuellement attrayants, ces outils facilitent une meilleure compréhension des tendances, des modèles et des relations du marché. Les informations dérivées de ces visualisations aident les investisseurs à identifier les opportunités et à prendre des décisions d'investissement éclairées.

Les plates-formes et outils analytiques aident les investisseurs à gérer les risques en fournissant des fonctionnalités telles que des alertes de prix, des ordres stop-loss et des outils d'évaluation des risques. Les alertes de prix avertissent les investisseurs lorsqu'un seuil de prix spécifique est atteint, permettant ainsi une prise de décision rapide. Les ordres stop-loss déclenchent automatiquement un ordre de vente lorsqu'un niveau de prix prédéterminé est atteint, limitant ainsi les pertes potentielles. Les outils d'évaluation des risques fournissent des informations sur l'exposition au risque du portefeuille, permettant aux investisseurs d'ajuster leurs stratégies en conséquence et d'atténuer les risques.

Les outils analytiques facilitent le développement de stratégies et le backtesting, permettant aux investisseurs d'évaluer l'efficacité de leurs stratégies de trading à l'aide de données de prix historiques. Ces outils permettent aux investisseurs de tester diverses stratégies, d'identifier les points d'entrée et de sortie optimaux et d'affiner leurs approches. En effectuant des backtests sur les stratégies, les investisseurs gagnent en confiance dans leurs plans de trading et augmentent la probabilité de rendements constants.

Les plateformes et outils analytiques proposent souvent des ressources pédagogiques, des didacticiels et des communautés où les investisseurs peuvent apprendre, partager des connaissances et collaborer avec d'autres passionnés de crypto-monnaie. Ces ressources fournissent des informations précieuses, des conseils de trading et des actualités du secteur. S'engager avec la communauté favorise l'apprentissage, améliore les compétences en investissement et aide les investisseurs à se tenir au courant des derniers développements sur le marché des crypto-monnaies.

Applications et logiciels de trading de crypto-monnaie

Les crypto-monnaies ont créé de nouvelles opportunités pour les investisseurs de participer à l'économie numérique. À mesure que la demande de crypto-monnaies augmente, le besoin d'applications et de logiciels de trading conviviaux et riches en fonctionnalités augmente également. Ces outils offrent aux investisseurs un accès pratique aux marchés de crypto-monnaie, aux données en temps réel, aux fonctionnalités de trading et aux capacités de gestion de portefeuille. Dans cette section, nous explorerons l'importance des applications et des logiciels de trading de crypto monnaies, discuterons des différents types d'applications et de logiciels disponibles, examinerons leurs principales caractéristiques et avantages, et évaluerons leur rôle dans la facilitation du trading de crypto monnaies. En tirant parti de ces outils, les investisseurs peuvent naviguer de manière efficace et efficiente sur le marché des crypto-monnaies.

L'avènement des applications et logiciels de trading de crypto monnaies a révolutionné la manière dont les investisseurs interagissent avec le marché des crypto monnaies. Ces outils offrent plusieurs avantages qui contribuent à leur importance dans le trading de crypto-monnaies.

Les applications et logiciels de trading de crypto-monnaies permettent aux investisseurs de négocier à tout moment et n'importe où. Ces outils peuvent être installés sur des smartphones, des tablettes ou des ordinateurs, permettant aux utilisateurs d'accéder facilement aux marchés de crypto-monnaies. Cette accessibilité garantit que les investisseurs peuvent capitaliser rapidement sur les opportunités du marché et surveiller leurs portefeuilles en temps réel, améliorant ainsi leur expérience de trading.

L'un des avantages majeurs des applications et logiciels de trading est la fourniture de données et d'analyses de marché en temps réel. Ces outils offrent aux investisseurs un accès à des informations à jour sur les tendances du marché, les mouvements de prix et les volumes de transactions. En accédant à des données précises et actuelles, les investisseurs peuvent prendre des décisions commerciales éclairées, identifier les opportunités de marché potentielles et ajuster leurs stratégies en conséquence.

Les applications et logiciels de trading de crypto-monnaie offrent une gamme de fonctionnalités de trading qui facilitent des expériences de trading fluides. Les investisseurs peuvent utiliser une gamme d'ordres, tels que des ordres de marché, à cours limité et stop-loss, pour entrer ou sortir de positions. Ces fonctionnalités permettent aux investisseurs de mettre en œuvre leurs stratégies de trading de manière efficace et efficiente.

Une gestion efficace du portefeuille est cruciale dans le trading de crypto-monnaies. Les applications et logiciels de trading fournissent souvent des fonctionnalités de gestion de portefeuille qui permettent aux investisseurs de suivre la performance de leurs avoirs en crypto-monnaies. Ces outils offrent des informations sur la valeur du portefeuille, la répartition des actifs, les performances historiques et le retour sur investissement. En surveillant leurs portefeuilles en temps réel, les investisseurs peuvent évaluer l'efficacité de leurs stratégies d'investissement et prendre des décisions fondées sur des données.

Les applications et logiciels de trading de crypto-monnaies se présentent sous diverses formes, chacune répondant aux préférences et exigences différentes des investisseurs.

Les applications de trading mobile sont spécialement conçues pour les smartphones et les tablettes, permettant aux investisseurs de négocier des crypto-monnaies en déplacement. Ces applications offrent une interface conviviale, des données de

marché
en temps réel, des fonctionnalités de trading et des fonctionnalités de gestion de portefeuille. Des exemples d'applications de trading mobile populaires incluent Binance, Coinbase et eToro. Les applications de trading mobiles permettent aux investisseurs de surveiller les marchés, d'exécuter des transactions et de gérer facilement leurs portefeuilles, améliorant ainsi leur expérience de trading.

Le logiciel de trading de bureau offre une expérience de trading complète, offrant des capacités graphiques avancées, des indicateurs techniques et des fonctionnalités personnalisables. Ces applications logicielles, telles que MetaTrader 4 (MT4) et TradingView, s'adressent aux traders expérimentés qui ont besoin de capacités avancées de cartographie et d'analyse. Un logiciel de trading de bureau permet aux investisseurs d'effectuer une analyse technique approfondie, de développer des stratégies de trading et d'exécuter des transactions de manière transparente.

Les plateformes de trading basées sur le Web offrent une option pratique pour le trading de crypto-monnaies sans avoir besoin d'installer de logiciel. Ces plateformes sont accessibles via des navigateurs Web, offrant aux utilisateurs une interface conviviale, des données de marché en temps réel et des fonctionnalités de trading. Des
exemples de plateformes de trading en ligne populaires incluent Binance Web, Kraken

et Bitfinex. Les plates-formes Web permettent aux investisseurs d'échanger des crypto-monnaies sur plusieurs appareils sans avoir à installer de logiciel.

Les logiciels de trading automatisés, également connus sous le nom de robots cryptographiques ou robots de trading, utilisent des algorithmes et des règles prédéfinies pour exécuter automatiquement des transactions au nom des utilisateurs. Ces outils analysent les conditions du marché, identifient les signaux de trading et exécutent des transactions en fonction de critères prédéterminés. Des exemples de logiciels de trading automatisé populaires incluent 3 Commas, Haas Online et Crypto Hopper. Un logiciel de trading automatisé permet aux investisseurs de négocier des crypto-monnaies 24h/24 et 7j/7 et de profiter des opportunités du marché même lorsqu'ils ne peuvent pas surveiller activement le marché.

Les applications et logiciels de trading de crypto-monnaie offrent plusieurs fonctionnalités et avantages clés qui améliorent l'expérience de trading des investisseurs.

Les applications et logiciels de trading offrent généralement des interfaces utilisateur intuitives qui s'adressent à la fois aux traders débutants et expérimentés. Des interfaces conviviales permettent aux investisseurs de naviguer facilement sur la plateforme, d'accéder à diverses fonctionnalités et d'exécuter des transactions en toute confiance.
La facilité d'utilisation améliore l'expérience globale de trading et encourage une participation plus large aux marchés de crypto-monnaies.

Les applications et logiciels de trading fournissent aux investisseurs des données de marché en temps réel, notamment des graphiques de prix, des volumes de transactions et des informations sur le carnet d'ordres. Ces données permettent aux investisseurs de prendre des décisions éclairées basées sur des informations de marché précises et à jour. De nombreuses applications et logiciels proposent également des outils graphiques avancés, des indicateurs techniques et des fonctionnalités d'analyse de marché pour aider les traders dans le processus de prise de décision.

Les applications et logiciels de trading de crypto-monnaie proposent différents types d'ordres de trading, tels que les ordres de marché, les ordres limités et les ordres stop-loss. Ces types d'ordres permettent aux investisseurs d'exécuter des transactions aux niveaux de prix souhaités et de gérer efficacement les risques. Les ordres stop-loss aident à limiter les pertes potentielles en vendant ou en achetant automatiquement des actifs lorsque les prix atteignent des niveaux prédéterminés. Ces fonctionnalités permettent aux investisseurs de mettre en œuvre des stratégies de gestion des risques et de protéger leur capital.

La sécurité et la confidentialité sont des considérations essentielles dans le trading de cryptomonnaies. La protection des actifs des clients et des informations personnelles est une priorité absolue pour les applications et logiciels de trading de crypto-monnaies. L'authentification à deux facteurs (2FA), les protocoles de cryptage et le stockage à froid des fonds sont mis en œuvre pour garantir la sécurité des actifs des utilisateurs. Les fonctionnalités de confidentialité, telles que le commerce pseudonyme et la protection des données, protègent l'identité des utilisateurs et leurs informations personnelles.

Les applications et logiciels de trading de crypto-monnaie facilitent le trading de crypto-monnaie et améliorent la participation au marché.

Les applications et logiciels de trading offrent aux investisseurs un accès direct aux bourses de crypto-monnaie, offrant un large éventail de paires de trading et de liquidités. Ces outils permettent aux investisseurs de participer aux marchés des cryptomonnaies et de profiter des mouvements de prix et des opportunités de trading.

Les applications et logiciels de trading de crypto-monnaie permettent aux investisseurs de mettre en œuvre diverses stratégies de trading, notamment le day trading, le swing trading et l'investissement à long terme. Ces outils facilitent l'exécution de la stratégie grâce à des fonctionnalités de placement, d'exécution et de suivi des ordres. Les investisseurs peuvent définir des paramètres et des critères spécifiques pour les transactions, permettant une exécution automatisée basée sur des règles prédéfinies.

Les applications et logiciels de trading aident les investisseurs à diversifier leurs portefeuilles de cryptomonnaies et à gérer efficacement leurs actifs. En fournissant des fonctionnalités de gestion de portefeuille, ces outils permettent aux investisseurs de suivre les performances de leur portefeuille, d'analyser l'allocation d'actifs et de rééquilibrer leurs portefeuilles si nécessaire. La diversification du portefeuille et la gestion efficace des actifs sont des éléments essentiels du succès des investissements à long terme.

Mesures de sécurité et bonnes pratiques

Les crypto-monnaies ont gagné en popularité en tant que forme alternative d'investissement. Cependant, la nature décentralisée et numérique des cryptomonnaies expose également les investisseurs à divers risques de sécurité. Pour garantir la sécurité de leurs investissements, les investisseurs en crypto monnaies doivent mettre en œuvre des mesures de sécurité robustes et suivre les meilleures pratiques. Dans cette section, nous explorerons l'importance des mesures de sécurité dans l'investissement en crypto-monnaie, discuterons des différents types de risques de sécurité impliqués, examinerons les meilleures pratiques pour sécuriser les crypto-monnaies et soulignerons le rôle de la sécurité dans la protection des investissements. En adhérant à ces mesures et pratiques, les investisseurs peuvent minimiser les risques et protéger efficacement leurs avoirs en cryptomonnaies.

Les crypto-monnaies présentent des défis de sécurité uniques pour les investisseurs en raison de leur nature numérique et de leur infrastructure décentralisée. La mise en œuvre de mesures de sécurité est essentielle pour protéger les investissements contre les menaces potentielles.

Les crypto-monnaies sont vulnérables au piratage et aux cyberattaques en raison des failles de sécurité potentielles des bourses, des portefeuilles et d'autres plateformes. La mise en œuvre de mesures de sécurité robustes permet de minimiser le risque d'accès non autorisé aux fonds et d'atténuer la perte potentielle de fonds due à des incidents de piratage.

L'écosystème des crypto-monnaies n'est pas à l'abri des fraudes et des escroqueries. Les investisseurs doivent se méfier des tentatives de phishing, des ICO (Initial Coin Offers) frauduleuses et des stratagèmes de Ponzi qui visent à tromper et à escroquer des individus sans méfiance. En adoptant des mesures de sécurité appropriées, les investisseurs peuvent se protéger contre de telles escroqueries et activités frauduleuses. Les clés privées sont cruciales pour accéder et gérer les avoirs en crypto-monnaies. Si les clés privées sont compromises ou perdues, les investisseurs peuvent perdre définitivement l'accès à leurs fonds. La mise en œuvre de mesures de sécurité garantit le stockage et la sauvegarde sécurisés des clés privées, garantissant ainsi la capacité des investisseurs à contrôler et à gérer efficacement leurs crypto-monnaies.

L'investissement en crypto-monnaie implique plusieurs risques de sécurité dont les investisseurs doivent être conscients et contre lesquels ils doivent prendre des précautions.

Les échanges de crypto-monnaies sont des cibles populaires pour les pirates informatiques en raison des grandes quantités de fonds détenues dans leurs portefeuilles chauds. Des pratiques de sécurité faibles, des mesures de cybersécurité inadéquates et des menaces internes peuvent conduire à des violations, entraînant la perte des fonds des clients. Les investisseurs doivent être prudents lors de la sélection des bourses et prendre en compte des facteurs tels que les protocoles de sécurité, la conformité réglementaire et les incidents de sécurité passés.

Les portefeuilles de crypto-monnaies, tant matériels que logiciels, sont sensibles à divers risques. Les portefeuilles logiciels peuvent être compromis par des logiciels malveillants, des enregistreurs de frappe ou des attaques de phishing, tandis que les portefeuilles matériels peuvent être vulnérables au vol physique ou à la falsification. Il est essentiel de choisir des fournisseurs de portefeuilles réputés, d'utiliser l'authentification multifacteur (MFA) et de maintenir les portefeuilles et les logiciels à jour avec les derniers correctifs de sécurité.

Les attaques d'ingénierie sociale, telles que le phishing et l'échange de cartes SIM, ciblent les individus pour obtenir un accès non autorisé à leurs avoirs en crypto-monnaies. Au moyen de faux e-mails ou de faux sites Web, les attaques de phishing tentent d'inciter les gens à divulguer leurs clés privées ou leurs informations de connexion. L'échange de carte SIM consiste à transférer frauduleusement le numéro de téléphone d'une victime pour accéder à des codes d'authentification à deux facteurs. Les investisseurs doivent être vigilants, faire preuve de prudence lorsqu'ils interagissent avec des plateformes en ligne et éviter de cliquer sur des liens suspects ou de fournir des informations sensibles sans vérification appropriée.

La mise en œuvre des meilleures pratiques de sécurité en matière de cryptomonnaie est cruciale pour protéger les investissements et minimiser les risques de sécurité. Il est essentiel de créer des mots de passe forts et uniques pour les portefeuilles et plateformes de crypto-monnaies. La bonne combinaison de lettres majuscules et minuscules, de chiffres et de caractères spéciaux doit être utilisée pour les mots de passe. De plus, l'activation de l'authentification à deux facteurs (2FA) ajoute une couche de sécurité supplémentaire en exigeant une étape de vérification supplémentaire, telle qu'un code généré sur un appareil mobile, pour accéder aux comptes.

Le stockage à froid fait référence au stockage des avoirs en crypto-monnaies hors ligne, loin des appareils connectés à Internet. Les portefeuilles matériels, les portefeuilles papier et les solutions de stockage hors ligne offrent une sécurité renforcée en gardant les clés privées hors ligne, réduisant ainsi le risque d'accès non autorisé via le piratage ou les logiciels malveillants. Le stockage frigorifique est particulièrement recommandé pour les avoirs à long terme et les quantités importantes de crypto-monnaies.

Il est crucial de maintenir à jour les portefeuilles de crypto-monnaies, les plateformes de trading et autres logiciels. Les mises à jour incluent fréquemment des correctifs de sécurité qui résolvent les vulnérabilités et augmentent la sécurité globale du logiciel. La mise à jour régulière des logiciels et des micrologiciels garantit que les investisseurs bénéficient des dernières améliorations et protections en matière de sécurité.

Les investisseurs doivent faire preuve d'une diligence raisonnable approfondie avant de s'engager avec un échange de crypto-monnaies ou un fournisseur de portefeuille. Il est essentiel de rechercher la réputation, les protocoles de sécurité, la conformité réglementaire et l'historique d'une plateforme. Trouver des prestataires de services fiables et sécurisés peut être facilité en lisant les avis et en demandant des références à des sources crédibles.

Les investisseurs doivent continuer à se renseigner sur les dernières meilleures pratiques de sécurité dans le domaine des crypto-monnaies. Rester informé des menaces de sécurité actuelles, des vecteurs d'attaque émergents et des nouvelles fonctionnalités de sécurité peut aider les investisseurs à adapter leurs mesures de sécurité en conséquence. Les investisseurs peuvent protéger de manière proactive leurs avoirs en crypto monnaies contre l'évolution des risques de sécurité en restant infor més.

La mise en œuvre de mesures de sécurité robustes protège les avoirs individuels en cryptomonnaies et contribue à l'intégrité et à la réputation globales de l'écosystème des cryptomonnaies.

En donnant la priorité à la sécurité, les investisseurs contribuent à la confiance globale dans le marché des crypto-monnaies. Lorsque les investisseurs se sentent en sécurité dans leurs investissements, ils sont plus susceptibles de participer activement, ce qui profite en fin de compte à l'ensemble de l'écosystème.

La mise en œuvre de mesures de sécurité permet de prévenir les incidents de sécurité et les tentatives de piratage qui pourraient avoir un impact néfaste sur la stabilité du marché des crypto-monnaies. En protégeant leurs investissements, les investisseurs contribuent à la stabilité et à la résilience globales du marché.

Des mesures de sécurité robustes s'alignent sur les exigences réglementaires et aident les investisseurs en crypto monnaies à se conformer aux obligations légales. De nombreuses juridictions imposent des normes de sécurité aux entreprises de crypto-monnaies afin de protéger les investisseurs et de prévenir les activités illicites. Le respect de ces normes garantit que les investisseurs se conforment aux réglementations applicables.

Chapitre VI : Gérer les risques liés à l'investissement dans les crypto-monnaies

Identifier et atténuer les risques courants

L'investissement en crypto-monnaie offre aux investisseurs des opportunités intéressantes de participer à l'économie numérique et d'obtenir des rendements importants. Cependant, il est crucial de reconnaître que les investissements en crypto monnaies comportent des risques inhérents. Pour naviguer avec succès sur ce marché volatil, les investisseurs doivent comprendre et identifier les risques courants liés à l'investissement dans les cryptomonnaies. De plus, la mise en œuvre de stratégies efficaces d'atténuation des risques est essentielle pour protéger les investissements et optimiser les rendements potentiels. Cette section explorera les principaux risques liés à l'investissement dans les cryptomonnaies, discutera des stratégies permettant d'identifier et d'évaluer ces risques, et mettra en évidence les meilleures pratiques pour les atténuer. En comprenant et en traitant ces risques de manière proactive, les investisseurs peuvent améliorer leur processus décisionnel et protéger leurs investissements en cryptomonnaies.

L'investissement en crypto-monnaie implique plusieurs risques dont les investisseurs doivent être conscients et pris en compte lorsqu'ils prennent des décisions d'investissement.

Les crypto-monnaies sont connues pour leur forte volatilité, les prix connaissant des fluctuations importantes sur de courtes périodes. Cette volatilité peut entraîner des gains ou des pertes importants pour les investisseurs. Comprendre et gérer le risque de volatilité est crucial pour naviguer avec succès sur le marché des crypto-monnaies.

Les crypto-monnaies évoluent dans un paysage réglementaire en évolution rapide. Les changements réglementaires, les incertitudes juridiques et les interventions gouvernementales peuvent avoir un impact sur la valeur et la viabilité des crypto-monnaies. Les investisseurs doivent rester informés des évolutions réglementaires et évaluer l'impact potentiel sur leurs investissements.

Les cryptomonnaies sont des actifs numériques qui peuvent être vulnérables aux failles de sécurité et aux tentatives de piratage. Des mesures de sécurité faibles, des échanges ou des portefeuilles compromis et des attaques d'ingénierie sociale présentent des risques importants pour les investisseurs. La mise en œuvre de mesures de sécurité robustes et l'adoption des meilleures pratiques sont essentielles pour protéger les investissements.

Les investissements en crypto-monnaie impliquent souvent des contreparties, telles que des bourses, des portefeuilles ou d'autres fournisseurs de services. Le risque de fraude, d'insolvabilité ou de défaillances opérationnelles associé à ces contreparties peut affecter les fonds des investisseurs. Faire preuve de diligence raisonnable et choisir des prestataires de services réputés et dignes de confiance contribuent à atténuer le risque de contrepartie.

La liquidité des crypto-monnaies varie considérablement selon les pièces et les bourses. Une faible liquidité peut entraîner une manipulation des prix, des dérapages lors des transactions et des difficultés à exécuter des transactions importantes. Les investisseurs doivent tenir compte du risque de liquidité lors de la sélection des crypto-monnaies et des bourses pour leurs investissements.

Une recherche approfondie est primordiale pour identifier et évaluer les risques liés à l'investissement en crypto-monnaie. Les investisseurs doivent étudier les principes fondamentaux des crypto-monnaies, y compris leur technologie sous-jacente, la demande du marché, les équipes de développement et les partenariats. De plus, effectuer une diligence raisonnable sur les bourses, les portefeuilles et autres fournisseurs de services permet d'évaluer leur réputation, leurs mesures de sécurité et leur conformité réglementaire.

L'analyse technique implique l'étude des graphiques de prix, des volumes de transactions et des indicateurs de marché pour identifier les modèles et les tendances. Il aide les investisseurs à évaluer le sentiment du marché, les mouvements de prix et les points d'entrée ou de sortie potentiels. L'analyse technique fournit des informations précieuses pour évaluer et gérer efficacement les risques.

L'analyse fondamentale se concentre sur l'évaluation de la valeur intrinsèque des crypto-monnaies en évaluant des facteurs tels que l'utilité du projet, le potentiel d'adoption, la concurrence et la viabilité à long terme. Cette analyse aide les investisseurs à identifier les risques et les opportunités en fonction des fondamentaux sous-jacents d'une crypto monnaie.

Les investisseurs peuvent utiliser des cadres d'évaluation des risques pour évaluer et hiérarchiser les risques liés à leurs investissements en cryptomonnaies. Ces cadres impliquent d'évaluer la probabilité et l'impact potentiel de divers risques et d'élaborer des stratégies d'atténuation des risques en conséquence. Des exemples de cadres d'évaluation des risques comprennent l'analyse SWOT (forces, faiblesses, opportunités, menaces) et l'analyse PESTEL (politique, économique, sociale, technologique, environnementale, juridique).

La diversification des investissements en crypto-monnaies dans différentes pièces, secteurs et régions géographiques est une stratégie fondamentale d'atténuation des risques. La répartition des investissements réduit l'exposition aux risques associés aux crypto-monnaies individuelles et augmente le potentiel de gains à long terme.

La mise en œuvre de stratégies efficaces de gestion des risques est cruciale dans l'investissement en crypto-monnaie. La définition d'ordres stop-loss permet de limiter les pertes potentielles en déclenchant automatiquement la vente d'une crypto monnaie si celle-ci atteint un niveau de prix prédéterminé. Cela garantit que les investisseurs peuvent quitter leurs positions avant que des pertes substantielles ne surviennent.

La sécurisation des crypto-monnaies est primordiale pour protéger les investissements contre le piratage et le vol. L'utilisation de portefeuilles matériels, de solutions de stockage hors ligne et le respect des meilleures pratiques en matière de gestion des mots de passe et d'authentification à deux facteurs (2FA) contribuent à garantir la sécurité des avoirs en crypto-monnaies.

Les marchés et les risques des crypto-monnaies évoluent rapidement. Les investisseurs doivent rester informés, apprendre en permanence et suivre l'évolution du marché. Se tenir au courant de l'actualité, des tendances du secteur et des changements réglementaires permet aux investisseurs d'adapter leurs stratégies et de répondre efficacement aux risques émergents.

Comprendre les cycles et les tendances du marché

L'investissement en crypto-monnaie offre aux investisseurs des opportunités intéressantes de participer à un marché en évolution rapide. Cependant, pour prendre des décisions d'investissement éclairées, il est essentiel de comprendre les cycles et les tendances du marché qui influencent les prix des crypto-monnaies. En comprenant ces cycles et tendances, les investisseurs peuvent mieux naviguer sur le marché volatil des cryptomonnaies et optimiser leurs stratégies d'investissement. Dans cette section, nous explorerons le concept de cycles de marché, discuterons des différentes phases de ces cycles, analyserons les facteurs qui déterminent les tendances des cryptomonnaies et soulignerons l'importance de comprendre les cycles de marché pour un investissement réussi dans les cryptomonnaies.

Les cycles de marché font référence aux modèles et phases répétitifs des marchés financiers, y compris les cryptomonnaies. Ces cycles sont caractérisés par des périodes d'expansion, de pic, de contraction et de creux, et influencent les mouvements de prix et le sentiment des investisseurs sur le marché.

Le marché des cryptomonnaies présente un comportement cyclique en raison de divers facteurs, notamment la psychologie des investisseurs, l'adoption du marché, l'évolution de la réglementation et les progrès technologiques. Comprendre la nature cyclique du marché est crucial pour que les investisseurs puissent identifier les opportunités potentielles et gérer efficacement les risques.

La phase d'accumulation marque le début d'un nouveau cycle de marché, dans lequel les prix sont généralement au plus bas et le sentiment des investisseurs est pessimiste.

Durant cette phase, les investisseurs avertis commencent à accumuler des cryptomonnaies à des prix attractifs, anticipant une future hausse des prix.

La phase de majoration suit la phase d'accumulation et se caractérise par une augmentation significative des prix des crypto-monnaies. Des nouvelles positives, une demande accrue du marché et une confiance croissante des investisseurs stimulent la phase de majoration. Les prix augmentent régulièrement et le sentiment haussier domine le marché.

La phase de distribution se produit lorsque les prix atteignent un sommet et que le marché devient suracheté. Cette phase est marquée par une diminution de la pression acheteuse et l'émergence d'activités de prise de profit. Les investisseurs intelligents commencent à vendre leurs avoirs, ce qui entraîne une baisse progressive des prix.

La phase de démarque représente une baisse de prix significative après la phase de distribution. Des nouvelles négatives, une pression de vente accrue et un changement de sentiment des investisseurs contribuent à la phase de démarque. Les prix chutent, entraînant souvent des ventes de panique et une nouvelle dépréciation des prix.

Le sentiment des investisseurs joue un rôle crucial dans l'évolution des tendances en matière de crypto-monnaies. Un sentiment positif, motivé par les progrès technologiques, la clarté de la réglementation et l'adoption du marché, peut conduire à une tendance haussière. À l'inverse, un sentiment négatif provoqué par des failles de sécurité, une incertitude réglementaire ou une manipulation du marché peut déclencher une tendance baissière.

L'adoption des crypto-monnaies pour diverses applications et cas d'utilisation du monde réel peut avoir un impact significatif sur leurs tendances. Une adoption accrue par les particuliers, les entreprises et les investisseurs institutionnels peut faire monter les prix. À l'inverse, le manque d'adoption ou un sentiment négatif à l'égard de cas d'utilisation spécifiques peuvent freiner la croissance des prix.

Les progrès technologiques dans le domaine des crypto-monnaies, tels que les nouveaux algorithmes de consensus, les solutions d'évolutivité ou l'amélioration de la confidentialité, peuvent influencer les tendances du marché. Les technologies innovantes qui répondent aux limitations existantes ou améliorent les fonctionnalités peuvent susciter l'intérêt des investisseurs et générer des tendances positives.

Les évolutions réglementaires et les politiques gouvernementales ont un impact substantiel sur les tendances des crypto-monnaies. La clarté et des réglementations favorables contribuent souvent à des tendances positives, car elles inspirent confiance aux investisseurs. À l'inverse, des réglementations restrictives ou des incertitudes réglementaires peuvent entraîner des tendances négatives et une volatilité des marchés.

Comprendre les cycles du marché aide les investisseurs à identifier les opportunités d'investissement potentielles. En reconnaissant les différentes phases des cycles de marché, les investisseurs peuvent prendre des décisions éclairées, comme accumuler des actifs pendant la phase d'accumulation et prendre des bénéfices pendant la phase de distribution.

La connaissance des cycles de marché permet aux investisseurs de gérer efficacement les risques et d'éviter de prendre des décisions émotionnelles. En reconnaissant les schémas typiques des cycles de marché, les investisseurs peuvent définir des attentes réalistes, éviter de courir après les mouvements de prix et prendre des décisions d'investissement rationnelles basées sur les tendances du marché.

Comprendre les cycles du marché est essentiel pour élaborer des stratégies d'investissement à long terme. Les investisseurs peuvent aligner leurs horizons et stratégies d'investissement sur les différentes phases des cycles de marché. Les stratégies à long terme peuvent impliquer d'accumuler des actifs pendant la phase d'accumulation et de les conserver tout au long de la phase de majoration, tandis que les stratégies à court terme peuvent se concentrer sur la capitalisation des mouvements de prix plus courts au sein des cycles.

Définition des ordres stop-loss et take-profit

L'investissement dans les crypto-monnaies offre aux investisseurs des opportunités lucratives de capitaliser sur la volatilité des actifs numériques et les rendements potentiels. Cependant, naviguer sur le marché des cryptomonnaies peut être difficile en raison de sa volatilité inhérente et des mouvements de prix imprévisibles. Les investisseurs doivent utiliser des outils de gestion des risques efficaces pour gérer les risques et protéger leurs investissements. La définition d'ordres stop-loss et take-profit est une stratégie largement utilisée dans l'investissement en crypto-monnaie qui aide les investisseurs à limiter les pertes potentielles et à sécuriser les bénéfices. Dans cette section, nous explorerons le concept des ordres stop-loss et take-profit, discuterons de leur importance dans la gestion des risques, analyserons les facteurs à prendre en compte lors de la définition de ces ordres et mettrons en évidence les meilleures pratiques pour les utiliser efficacement dans l'investissement en crypto-monnaie.

Un investisseur peut utiliser un ordre stop-loss, un outil de gestion des risques, pour vendre automatiquement une crypto monnaie lorsque son prix atteint un seuil spécifique. Il limite les pertes potentielles en déclenchant un ordre de marché pour vendre l'actif si son prix tombe en dessous d'un seuil spécifié.

Les ordres stop-loss aident à protéger les investissements en minimisant les pertes potentielles en cas de ralentissement du marché ou de baisses soudaines des prix. Ils offrent aux investisseurs un point de sortie prédéterminé, garantissant que les positions sont automatiquement fermées lorsque le prix atteint un niveau spécifique, même s'ils ne peuvent pas surveiller activement le marché. Les ordres stop-loss offrent une tranquillité d'esprit, car ils offrent une approche proactive de la gestion des risques.

Les ordres stop-loss sont essentiels pour gérer les risques et contrôler les émotions dans l'investissement en crypto-monnaies. Ils aident les investisseurs à éviter de prendre des décisions émotionnelles, comme conserver des positions perdantes dans l'espoir d'un renversement des prix. En définissant des ordres stop-loss, les investisseurs disposent d'un plan prédéfini qui atténue les pertes potentielles et supprime les préjugés émotionnels de leur stratégie d'investissement.

La préservation du capital est un aspect essentiel d'un investissement réussi. Les ordres stop-loss protègent le capital en limitant les pertes potentielles. Ils garantissent que les investisseurs quittent leurs positions perdantes avant que des pertes importantes ne surviennent, préservant ainsi leur capital qui pourra être déployé dans d'autres opportunités d'investissement.

Le marché des cryptomonnaies est connu pour sa volatilité, qui peut créer du stress et un fardeau psychologique pour les investisseurs. La définition d'ordres stop-loss allège ce fardeau en fournissant un filet de sécurité et un plan clair pour gérer le risque de baisse. Le fait de savoir que leurs positions seront automatiquement fermées si le marché évolue à leur encontre donne aux investisseurs plus de confiance dans leurs investissements.

Un ordre take-profit est un outil de gestion des risques qui permet aux investisseurs de vendre automatiquement une crypto monnaie lorsque son prix atteint un niveau de profit prédéterminé. Il est conçu pour garantir des bénéfices en déclenchant un ordre de marché pour vendre l'actif lorsque son prix atteint un objectif spécifié.

Les ordres de prise de bénéfices permettent aux investisseurs de verrouiller leurs bénéfices et de capitaliser sur les mouvements de prix favorables. Ils proposent une approche systématique pour garantir des gains en vendant automatiquement une crypto monnaie lorsque son prix atteint un niveau de profit prédéterminé. Les ordres de prise de bénéfices aident les investisseurs à éviter le piège courant qui consiste à conserver des positions gagnantes pendant trop longtemps, ce qui risque de manquer des opportunités de réaliser des bénéfices.

Le niveau de volatilité sur le marché des cryptomonnaies doit être pris en compte lors de la définition des ordres stop-loss et take-profit. Les crypto-monnaies très volatiles peuvent nécessiter des marges stop-loss et take-profit plus larges pour tenir compte des fluctuations de prix, tandis que les crypto-monnaies moins volatiles peuvent nécessiter des marges plus étroites.

L'appétit pour le risque et la stratégie d'investissement des investisseurs sont cruciaux pour déterminer les niveaux appropriés pour les ordres stop-loss et take-profit. Les investisseurs agressifs ayant une tolérance au risque plus élevée peuvent fixer des niveaux de stop-loss et de take-profit plus serrés, dans le but de réaliser des gains plus rapides. À l'inverse, les investisseurs conservateurs peuvent choisir des marges plus larges en cas de fluctuations de prix plus importantes.

L'analyse technique et fondamentale peut fournir des informations sur les niveaux de prix potentiels pour la définition d'ordres stop-loss et take-profit. L'analyse technique implique l'étude des graphiques de prix, des modèles et des indicateurs pour identifier les niveaux de support et de résistance. L'analyse fondamentale prend en compte les tendances du marché, les événements d'actualité et les fondamentaux du projet pour évaluer le potentiel de mouvements de prix.

Fixer des niveaux de stop-loss et de take-profit réalistes est crucial pour éviter le déclenchement inutile d'ordres en raison de fluctuations mineures des prix. Les investisseurs doivent tenir compte de la volatilité du marché, des mouvements historiques des prix et des indicateurs d'analyse technique pour définir des niveaux à la fois réalisables et alignés sur leurs objectifs de gestion des risques et d'investissement.

Le marché des cryptomonnaies est dynamique et peut connaître des mouvements de prix rapides. Il est essentiel que les investisseurs examinent et ajustent régulièrement leurs ordres stop-loss et take-profit pour s'assurer qu'ils restent pertinents et reflètent les conditions actuelles du marché. Cette pratique permet aux investisseurs d'adapter leurs ordres en fonction des tendances émergentes et de la dynamique des prix.

Les ordres stop-loss suiveurs sont une variante des ordres stop-loss traditionnels qui permettent aux investisseurs de fixer un seuil dynamique. Le niveau stop-loss est ajusté automatiquement à mesure que le prix d'une crypto-monnaie augmente, ce qui est effectivement « à la traîne » de la hausse du prix. Les ordres stop-loss suiveurs aident les investisseurs à sécuriser leurs bénéfices tout en permettant un potentiel de hausse supplémentaire si le prix continue d'augmenter.

Gérer le FUD (peur, incertitude et doute)

L'investissement dans les crypto-monnaies est une entreprise passionnante et potentiellement lucrative, offrant des opportunités de participer à l'économie numérique et d'obtenir des rendements importants. Cependant, le marché des cryptomonnaies est également connu pour sa volatilité et sa sensibilité au FUD (peur, incertitude et doute). FUD fait référence à la diffusion d'informations négatives ou de rumeurs qui peuvent déclencher la peur et l'incertitude parmi les investisseurs, conduisant à des ventes de panique et à une prise de décision irrationnelle. Pour naviguer avec succès sur le marché des cryptomonnaies, les investisseurs doivent apprendre à identifier et à gérer efficacement le FUD. Dans cette section, nous explorerons le concept de FUD dans l'investissement en crypto-monnaie, discuterons de son impact sur le sentiment du marché, analyserons les stratégies pour gérer le FUD et soulignerons l'importance de maintenir une approche rationnelle et éclairée de l'investissement.

FUD fait référence à la diffusion d'informations négatives, de rumeurs ou de déclarations trompeuses destinées à créer de la peur, de l'incertitude et du doute parmi les investisseurs. Le FUD peut se propager via divers canaux, notamment les réseaux sociaux, les médias, les forums en ligne et même le bouche à oreille.

Le FUD peut avoir un impact significatif sur le sentiment du marché dans le domaine des crypto-monnaies. Cela peut créer un sentiment de panique parmi les investisseurs, entraînant une pression de vente accrue et une baisse des prix. Le FUD peut également contribuer à accroître la volatilité du marché et entraver la croissance et l'adoption des crypto-monnaies.

Des recherches approfondies et une diligence raisonnable sont essentielles pour lutter contre le FUD. Les investisseurs doivent vérifier l'exactitude et la crédibilité des informations avant de prendre des décisions d'investissement. Examiner la source d'information, croiser plusieurs sources fiables et prendre en compte les fondamentaux à long terme d'une crypto-monnaie peut aider les investisseurs à faire la différence entre les préoccupations légitimes et le FUD sans fondement.

S'appuyer sur des sources d'informations fiables et réputées est crucial pour filtrer le FUD. Les investisseurs doivent suivre eux-mêmes les médias crédibles, les experts du secteur et les projets de crypto-monnaies respectés. Cela permet de garantir que les informations reçues sont fiables, bien informées et fondées sur une analyse factuelle.

Développer des compétences de pensée critique est essentiel pour évaluer et démystifier le FUD. Les investisseurs doivent analyser de manière critique les informations, évaluer leur validité et prendre en compte les biais ou motivations potentiels derrière la diffusion de récits négatifs. Les investisseurs peuvent porter des jugements judicieux fondés sur des faits et non sur des émotions, à l'aide d'une approche logique et rationnelle.

Face au FUD, il est essentiel d'évaluer l'impact potentiel sur les fondamentaux d'une crypto monnaie. Évaluer si les informations négatives affectent la viabilité à long terme, le potentiel d'adoption ou l'utilité du projet peut fournir des informations précieuses. En se concentrant sur la technologie sous-jacente, l'équipe de développement, les partenariats et les cas d'utilisation réels, les investisseurs peuvent évaluer l'impact du FUD sur la valeur de la crypto-monnaie.

S'engager avec la communauté des cryptomonnaies et participer à des discussions constructives peut aider les investisseurs à acquérir des perspectives diverses et à contrer le FUD. Partager des idées, poser des questions et demander des éclaircissements à des personnes bien informées peut permettre de mieux comprendre le marché et contribuer à dissiper les craintes infondées.

La gestion des émotions est cruciale lorsqu'il s'agit de FUD. Les investisseurs doivent conserver une approche rationnelle et disciplinée, en évitant les réactions impulsives aux nouvelles négatives ou aux fluctuations du marché. Une prise de décision émotionnelle peut conduire à des ventes ou à des achats de panique à des prix gonflés, entravant ainsi la réussite des investissements à long terme.

Il est essentiel de maintenir une perspective à long terme pour surmonter le FUD à court terme. Les marchés des cryptomonnaies sont connus pour leur volatilité, et les fluctuations de prix à court terme doivent être considérées dans le contexte de la trajectoire plus large du marché. Se concentrer sur les fondamentaux et les objectifs d'investissement à long terme aide les investisseurs à rester résilients face aux turbulences du marché induites par le FUD.

Rester informé et se renseigner continuellement sur les crypto-monnaies est crucial pour lutter contre le FUD. Se renseigner sur la technologie, les tendances du marchéet les évolutions réglementaires aide les investisseurs à mieux comprendre la dynamique du marché. L'apprentissage continu améliore également la capacité de discerner entre les véritables préoccupations et le FUD.

Des stratégies efficaces de gestion des risques peuvent aider les investisseurs à faire face aux fluctuations du marché induites par le FUD. La définition d'ordres stop-loss, la diversification des investissements et l'allocation d'une part appropriée du portefeuille aux crypto-monnaies sont des pratiques essentielles de gestion des risques. Ces stratégies offrent une protection contre les pertes potentielles tout en permettant aux investisseurs de capitaliser sur la croissance du marché à long terme.

Chapitre VII : Les crypto-monnaies populaires et leur potentiel d'investissement

Bitcoin (BTC) – le pionnier des crypto-monnaies

L'avènement du Bitcoin (BTC) en 2009 a marqué le début d'une ère révolutionnaire dans le secteur financier. Bitcoin a ouvert la voie à une nouvelle méthode de transaction et de stockage de valeur en tant que première monnaie numérique décentralisée. Son impact a été profond, déclenchant un mouvement mondial vers les crypto-monnaies et inspirant le développement de milliers d'actifs numériques. Dans cette section, nous approfondirons les origines du Bitcoin, explorerons sa technologie sous-jacente, analyserons son impact sur le paysage financier, discuterons de ses avantages et de ses limites, et examinerons son potentiel futur.

Bitcoin a été présenté au monde grâce à un livre blanc rédigé par un individu ou un groupe anonyme connu sous le nom de Satoshi Nakamoto. Un livre blanc intitulé « Bitcoin : un système de paiement électronique peer-to-peer » décrit les principes et les concepts qui sous-tendent cette crypto-monnaie révolutionnaire.

L'une des principales caractéristiques du Bitcoin est sa nature décentralisée. Contrairement aux monnaies traditionnelles qui s'appuient sur des autorités centrales telles que les banques ou les gouvernements, Bitcoin fonctionne sur un réseau peer-to-peer, permettant des transactions directes entre les participants. Cette décentralisation est rendue possible grâce à la technologie innovante connue sous le nom de blockchain, un registre distribué qui enregistre toutes les transactions Bitcoin de manière transparente et sécurisée.

Au cœur du fonctionnement de Bitcoin se trouve la blockchain, un registre décentralisé et immuable qui garantit transparence et sécurité. La blockchain est composée d'une série de blocs interconnectés dont chacun possède une liste de transactions confirmées. Ces blocs sont reliés entre eux à l'aide de techniques cryptographiques, créant ainsi un enregistrement chronologique résistant à la falsification.

Bitcoin fonctionne sur un mécanisme de consensus appelé Proof-of-Work (PoW). Les mineurs, équipés d'ordinateurs puissants, s'affrontent pour résoudre des énigmes mathématiques complexes afin de valider les transactions et sécuriser le réseau. Grâce à ce processus, de nouveaux Bitcoins sont émis et distribués en récompense des efforts de minage.

L'introduction du Bitcoin a bouleversé les systèmes financiers traditionnels en éliminant le besoin d'intermédiaires. Les transactions peuvent désormais avoir lieu directement entre les parties sans l'intervention des banques ou des processeurs de paiement. Cette désintermédiation peut réduire les coûts de transaction et accroître l'inclusion financière, en particulier dans les régions mal desservies.

Bitcoin est reconnu comme une réserve de valeur, souvent comparée à l'or numérique.
Son offre limitée, plafonnée à 21 millions de pièces, et la nature décentralisée du réseau ont positionné Bitcoin comme une protection potentielle contre l'inflation et un moyen de préserver la richesse.

La nature sans frontières du Bitcoin permet des transactions transfrontalières fluides.

Les particuliers peuvent envoyer et recevoir des fonds dans le monde entier sans avoir recours aux systèmes bancaires traditionnels, ce qui fait du Bitcoin une option attrayante pour les envois de fonds et le commerce international.

L'un des principaux avantages du Bitcoin réside dans sa nature décentralisée. L'élimination du besoin d'intermédiaires, tels que les banques, donne aux utilisateurs un contrôle direct sur leurs finances. Cette décentralisation réduit le risque de censure, offre une plus grande confidentialité et favorise la souveraineté financière.

La technologie sous-jacente de Bitcoin, la blockchain, garantit des transactions sécurisées et transparentes. Sa nature décentralisée et distribuée le rend très résistant à la fraude et à la falsification. Sur la blockchain, chaque transaction est enregistrée, ce qui donne lieu à un enregistrement immuable et vérifiable, renforçant ainsi la sécurité et la confiance des participants.

Bitcoin a le potentiel de combler le fossé de l'inclusion financière. En tirant parti de son accessibilité mondiale et de ses faibles barrières à l'entrée, il permet aux individus des régions mal desservies d'accéder aux services financiers, de participer à l'économie mondiale et potentiellement de surmonter les limitations bancaires traditionnelles.

L'évolutivité est un défi de longue date pour le Bitcoin. À mesure que sa popularité augmente, le volume des transactions augmente également, entraînant une congestion et des délais de traitement plus lents. Des efforts sont en cours pour résoudre ce problème, avec des avancées technologiques telles que le Lightning Network visant à augmenter la vitesse et le débit des transactions.

La volatilité des prix du Bitcoin a été une caractéristique déterminante de son marché en phase de démarrage. Des fluctuations de prix rapides et importantes peuvent présenter des risques pour les investisseurs et en faire un investissement spéculatif. Cependant, à mesure que le marché mûrit et que l'adoption augmente, la volatilité devrait se stabiliser progressivement.

L'évolution du paysage réglementaire entourant les crypto-monnaies présente des défis pour le Bitcoin. Les gouvernements du monde entier se demandent comment réglementer et intégrer les crypto-monnaies dans les systèmes financiers existants. L'environnement réglementaire incertain peut avoir un impact sur l'adoption généralisée et entraver l'intégration transparente du Bitcoin dans les cadres financiers traditionnels.

Ces dernières années, les investisseurs institutionnels et les grandes entreprises ont manifesté un intérêt croissant pour le Bitcoin. L'entrée d'acteurs institutionnels sur le marché des cryptomonnaies est considérée comme une étape importante, légitimant davantage le Bitcoin en tant que classe d'actifs.

Les progrès technologiques en cours visent à relever les défis d'évolutivité et d'utilisabilité du Bitcoin. Des innovations telles que le Lightning Network, les sidechains et les solutions de deuxième couche offrent des solutions potentielles pour améliorer les fonctionnalités et la convivialité de Bitcoin.

Les cadres réglementaires du monde entier évoluent progressivement pour s'adapter aux crypto-monnaies comme le Bitcoin. L'établissement de réglementations claires et favorables pourrait encourager une adoption et une intégration plus larges dans les systèmes financiers traditionnels.

Ethereum (ETH) – au-delà d'une monnaie numérique

Ethereum (ETH) est devenu l'une des crypto-monnaies les plus importantes et les plus influentes depuis son lancement en 2015. Alors que Bitcoin a introduit le monde dans la monnaie numérique décentralisée, Ethereum a poussé le concept plus loin en fournissant une plate-forme pour créer des applications décentralisées (DApps) et des applications intelligentes. contrats. Grâce à sa technologie blockchain robuste et à son écosystème polyvalent, Ethereum a ouvert des possibilités infinies au-delà du simple fait d'être une monnaie numérique. Dans cette section, nous explorerons les origines de Ethereum, approfondirons sa technologie sous-jacente, examinerons son impact sur le paysage des applications décentralisées, discuterons de ses avantages et de ses limites, et explorerons son potentiel pour révolutionner des secteurs au-delà de la finance.

Vitalik Buterin, une figure éminente du monde des crypto-monnaies, a conceptualisé Ethereum. Buterin a cofondé la Fondation Ethereum, une organisation à but non lucratif qui soutient le développement et l'adoption de la plateforme Ethereum. La Fondation Ethereum a lancé une offre initiale de pièces (ICO) en 2014 pour financer le développement du projet.

Ethereum a introduit le concept de Ethereum Virtual Machine (EVM), une plate-forme informatique décentralisée qui permet l'exécution de contrats intelligents. La machine virtuelle Ethereum (EVM) offre aux développeurs un environnement sûr et contrôlé dans lequel créer des applications décentralisées pour la blockchain Ethereum.

Ethereum fonctionne sur une blockchain similaire à Bitcoin mais avec des fonctionnalités supplémentaires. La blockchain Ethereum permet l'exécution de contrats intelligents, qui sont des accords auto-exécutables assortis de conditions prédéfinies. La transparence, l'efficacité et la confiance sont accrues dans une variété de secteurs grâce aux contrats intelligents, qui automatisent les procédures et suppriment le besoin d'intermédiaires.

Les développeurs utilisent Solidity, un langage de programmation spécialement conçu pour Ethereum, pour rédiger des contrats intelligents. Solidity permet de créer des applications complexes et décentralisées avec une logique et des fonctionnalités prog rammables.

La plateforme Ethereum a ouvert de nouveaux horizons pour le développement d'applications décentralisées. Les développeurs peuvent tirer parti de la blockchain Ethereum et des contrats intelligents pour créer des applications décentralisées (DApps) transparentes, résistantes à la censure et sécurisées. Cela a catalysé l'innovation dans tous les secteurs et pourrait potentiellement perturber les systèmes centralisés traditionnels.

Ethereum a introduit le concept de tokenisation, permettant la création et la distribution d'actifs numériques (jetons) sur la blockchain Ethereum. En conséquence, les offres initiales de pièces (ICO), une méthode permettant aux projets de générer des fonds en émettant leurs propres jetons, sont devenues de plus en plus populaires.

Le développement de la finance décentralisée (DéFi), une industrie en expansion rapide qui cherche à transformer les systèmes financiers conventionnels, a été considérablement facilité par Ethereum. Les applications DéFi construites sur Ethereum permettent des prêts peer-to-peer, des échanges décentralisés, des pièces stables et d'autres services financiers sans avoir besoin d'intermédiaires.

Le plus grand avantage de Ethereum réside dans sa nature programmable. Les contrats intelligents permettent aux développeurs de créer des applications personnalisées et des DApp adaptées à des cas d'utilisation spécifiques. Cette programmabilité a ouvert un monde de possibilités, favorisant l'innovation dans des secteurs tels que la finance, la chaîne d'approvisionnement, les jeux, etc.

Ethereum dispose d'un écosystème robuste et dynamique, alimenté par une communauté vaste et diversifiée de développeurs, d'utilisateurs et de projets. L'effet de réseau créé par cet écosystème favorise la collaboration, le partage de connaissances et le développement d'applications interopérables. Il permet aux développeurs d'exploiter les outils, bibliothèques et normes existants, accélérant ainsi l'innovation.

La blockchain d'Ethereum facilite l'interconnectivité entre les différentes DApp et contrats intelligents. Le développement d'applications complexes capables de communiquer entre elles, de partager des données et d'intégrer des fonctionnalités est rendu possible par cette connexion transparente. La capacité de s'appuyer sur l'infrastructure existante améliore l'utilité et la fonctionnalité des applications basées sur Ethereum.

L'évolutivité est un défi persistant pour Ethereum. À mesure que sa popularité a augmenté, le nombre de transactions sur son réseau a également augmenté, ce qui a entraîné une congestion et des délais de confirmation plus lents. Ethereum 2.0, une mise à niveau prévue, répond aux problèmes d'évolutivité en mettant en œuvre un mécanisme de consensus plus efficace et évolutif.

Les transactions et les exécutions de contrats intelligents sur le réseau Ethereum entraînent des frais de gaz. Pendant les périodes de forte activité du réseau, ces frais peuvent devenir volatils et coûteux, entravant l'accessibilité et créant des barrières pour des utilisateurs et des applications spécifiques. Les solutions de couche 2 et les avancées en matière de traitement par lots de transactions visent à atténuer ces défis.

Ethereum, comme beaucoup d'autres réseaux blockchain, s'appuie sur des opérations minières à forte intensité énergétique pour sécuriser son réseau. La consommation d'énergie associée au minage a suscité des inquiétudes quant à l'impact environnemental des crypto-monnaies. Les développeurs de Ethereum explorent activement des alternatives, telles que la transition vers un mécanisme de consensus plus économe en énergie.

La technologie de Ethereum permet la création d'organisations autonomes décentralisées (DAO), des entités autonomes contrôlées par des contrats intelligents et des détenteurs de jetons. Les DAO peuvent transformer les structures de gouvernance traditionnelles et favoriser des processus décisionnels plus inclusifs.

La transparence et l'immuabilité de Ethereum le rendent adapté aux applications de gestion de la chaîne d'approvisionnement. Grâce aux contrats intelligents et à la blockchain, Ethereum peut assurer une traçabilité de bout en bout, réduisant ainsi la fraude, améliorant la responsabilité et garantissant l'intégrité des chaînes d'approvisionnement.

La nature décentralisée de Ethereum le rend idéal pour la gestion et l'authentification de l'identité numérique. En tirant parti de l'immuabilité et de la sécurité de la blockchain, les solutions basées sur Ethereum peuvent améliorer la confidentialité, lutter contre le vol d'identité et permettre une identité auto-souveraine.

Ripple (XRP), Litecoin (LTC) et autres crypto-monnaies établies

Si le Bitcoin reste la crypto-monnaie la plus connue et la plus largement adoptée, de nombreuses autres crypto-monnaies établies ont fait leur marque dans le paysage des actifs numériques. Ripple (XRP) et Litecoin (LTC) sont des crypto-monnaies qui ont acquis une reconnaissance et une base d'utilisateurs importante. En plus du Bitcoin, ces crypto-monnaies possèdent des caractéristiques et des propositions de valeur uniques qui les distinguent. Dans cette section, nous explorerons le Ripple, le Litecoin et d'autres crypto-monnaies établies, en discutant de leurs origines, de la technologie sous-jacente, de leurs principales caractéristiques, de leur importance sur le marché et de leur impact potentiel sur l'écosystème financier.

En 2012, Ripple (XRP), créé par Ripple Labs, a été présenté comme un réseau d'envois de fonds, un système de règlement brut en temps réel et un bureau de change. Son objectif principal est de permettre des transferts d'argent internationaux rapides et peu coûteux et de faciliter les transactions transfrontalières fluides.

Ripple utilise un algorithme de consensus appelé Ripple Protocol Consensus Algorithm (RPCA). Contrairement aux mécanismes traditionnels de preuve de travail (PoW) ou de preuve de participation (PoS), Ripple s'appuie sur un réseau de validateurs de confiance pour confirmer et valider les transactions, permettant un traitement et une évolutivité plus rapides des transactions.

Le réseau de Ripple, connu sous le nom de Ripple et, connecte les institutions financières et les prestataires de paiement du monde entier, facilitant ainsi un transfert de fonds efficace. Ripple et prend également en charge l'intégration de divers actifs numériques, ce qui en fait une plate-forme polyvalente pour les monnaies fiduciaires et les crypto-monnaies.

Le Litecoin (LTC), introduit en 2011 par Charlie Lee, est souvent appelé « l'argent de l'or du Bitcoin ». Il a été créé comme une alternative plus rapide et plus légère au Bitcoin, visant à améliorer la vitesse et l'évolutivité des transactions tout en maintenant un réseau décentralisé et sécurisé.

Litecoin se distingue du Bitcoin en utilisant un algorithme de hachage différent appelé Script. Cet algorithme permet une génération de blocs plus rapide et réduit l'avantage d'efficacité du matériel de minage spécialisé, le rendant plus accessible aux mineurs individuels.

Litecoin a été l'une des premières crypto-monnaies à mettre en œuvre Segregated Witness (SegWay), qui augmente la capacité de transaction et permet au Lightning Network d'effectuer des transactions plus rapides et moins chères. De plus, Litecoin a facilité le développement des échanges atomiques, permettant un échange peer-to-peer de différentes crypto-monnaies sans avoir recours à des intermédiaires.

Bitcoin Cash (BCH) est apparu en raison d'un hard fork dans la blockchain Bitcoin en 2017. Il visait à résoudre les problèmes d'évolutivité de Bitcoin en augmentant la taille des blocs, permettant des transactions plus rapides et des frais inférieurs. Bitcoin Cash continue de coexister avec le Bitcoin en tant que monnaie numérique alternative.

Une plateforme blockchain appelée Cardano (ADA) vise à offrir un cadre sûr et fiable pour créer des applications décentralisées et exécuter des contrats intelligents. Il met l'accent sur la recherche universitaire évaluée par les pairs et cherche à offrir un réseau évolutif et interopérable.

L'accent mis par Ripple sur les paiements transfrontaliers a attiré l'attention des institutions financières cherchant à tirer parti de sa technologie pour des envois de fonds efficaces et rentables. Le temps de génération de blocs plus rapide et les frais de transaction inférieurs du Litecoin en ont fait une option viable pour les transactions quotidiennes et les micro paiements.

L'établissement de partenariats et de collaborations avec des institutions financières traditionnelles a joué un rôle crucial dans l'adoption et l'intégration de Ripple, Litecoin et d'autres crypto-monnaies établies. Ces collaborations ont contribué à combler le fossé entre le monde de la banque traditionnelle et l'écosystème des actifs numériques.

Comme pour toute crypto-monnaie, la volatilité des prix reste une caractéristique du Ripple, du Litecoin et d'autres monnaies numériques établies. Bien qu'ils soient reconnus par le marché et adoptés par les utilisateurs, leur valeur et leur perception du marché sont soumises à divers facteurs, notamment le sentiment des investisseurs, l'évolution de la réglementation et les conditions macroéconomiques.

Ripple, Litecoin et d'autres crypto-monnaies établies explorent activement de nouvelles technologies et solutions pour améliorer leur évolutivité, leur interopérabilité
et leur utilité. Les développements actuels montrent qu'ils ont la capacité d'influencer l'orientation de la banque numérique, comme l'intégration de la technologie Ripple avec les monnaies numériques des banques centrales (CBDC).

Le paysage réglementaire reste un facteur critique pour l'avenir des crypto-monnaies. La capacité à s'adapter aux réglementations et aux exigences de conformité en constante évolution déterminera dans quelle mesure Ripple, Litecoin et d'autres crypto-monnaies établies pourront réaliser leur plein potentiel et être largement acceptées.

Explorer les altcoins prometteurs et les projets émergents

Le paysage des crypto-monnaies s'étend bien au-delà du célèbre Bitcoin et des crypto-monnaies établies comme Ethereum et Ripple. Ces dernières années, une vague de nouveaux bitcoins et de projets émergents ont émergé, chacun avec des caractéristiques et des visions uniques. Ces altcoins représentent l'esprit innovant de la communauté crypto, repoussant les limites de la technologie blockchain et explorant de nouveaux cas d'utilisation. Dans cette section, nous explorerons une sélection de altcoins prometteurs et de projets émergents, en approfondissant leurs origines, la technologie sous-jacente, leurs applications potentielles et leur impact sur l'écosystème en évolution des crypto-monnaies.

Les Altcoins font référence à toutes les cryptomonnaies autres que le Bitcoin. Ils sont généralement lancés comme alternatives, cherchant à remédier aux limitations perçues ou à offrir des fonctionnalités uniques que l'on ne trouve pas dans les crypto-monnaies établies. Le marché de la altcoin est diversifié et englobe divers projets et technologies.

Le marché de la altcoin se caractérise par la volatilité et l'activité spéculative. Le sentiment des investisseurs, les tendances du marché et les progrès technologiques façonnent de manière significative le succès et l'adoption des altcoins. Les investisseurs recherchent souvent des projets dotés de fonctionnalités innovantes, de cas d'utilisation solides et de communautés actives.

Cardano (ADA) est une plateforme blockchain qui cherche à fournir une infrastructure sécurisée et durable pour le développement d'applications décentralisées (D'Apps) et de contrats intelligents. Il donne la priorité à la recherche universitaire évaluée par les pairs, à l'évolutivité et à l'interopérabilité, se positionnant ainsi comme un concurrent prometteur dans l'espace blockchain.

Polkadot (DOT) est une plateforme multi-chaînes qui permet l'interopérabilité de différentes blockchains. Il permet le transfert transparent d'actifs et de données entre différents réseaux, favorisant ainsi la collaboration et l'évolutivité. L'approche innovante de Polkadot en matière de communication inter-chaînes offre le potentiel de relever les défis d'évolutivité et de compatibilité dans l'écosystème des cr ypto-monnaies.

Un réseau Oracle décentralisé appelé Chain Link (LINK) relie les contrats intelligents à des API externes et à des données du monde réel. En comblant le fossé entre les applications blockchain et les sources de données externes, il permet d'exécuter des contrats intelligents qui dépendent des données actuelles. La technologie de Chainlink a attiré l'attention pour son potentiel à améliorer la fonctionnalité et la fiabilité des applications décentralisées.

Un réseau blockchain haute performance connu sous le nom de Solana (SOL) utilise la méthode de consensus Proof-of-History afin de résoudre les problèmes d'évolutivité. Il combine la sécurité du Proof-of-Stake (PoS) avec l'efficacité du Proof-of-History, permettant des transactions rapides et peu coûteuses. L'accent mis par Solana sur l'évolutivité le positionne comme une solution prometteuse pour les applications décentralisées et la finance décentralisée (DéFi).

Une plateforme décentralisée appelée Avalanche (AVAX) cherche à proposer des solutions blockchain évolutives et adaptables. Il utilise un mécanisme de consensus appelé consensus Avalanche, qui permet un débit élevé et une faible latence. L'accent mis par Avalanche sur la vitesse, la sécurité et l'interopérabilité le rend bien adapté aux applications de finance décentralisée, de gouvernance et de tokenisation d'actifs.

Terra (LUNA) est un protocole stablecoin qui exploite la technologie blockchain pour créer des crypto-monnaies à prix stables liées à diverses monnaies fiduciaires. Son objectif est de fournir aux utilisateurs un moyen d'échange fiable, en particulier dans les régions où les monnaies locales sont volatiles. L'écosystème stablecoin de Terra a gagné du terrain dans le secteur financier décentralisé, offrant stabilité et liquidité aux utilisateurs.

Les altcoins prometteurs et les projets émergents ont joué un rôle important dans la croissance de la finance décentralisée (DéFi). Ces projets facilitent la création d'échanges décentralisés, de plateformes de prêt et d'autres services financiers visant à remplacer les intermédiaires traditionnels et à offrir une plus grande accessibilité aux produits financiers.

L'exploration de solutions d'interopérabilité par altcoins et projets émergents permet une communication et un transfert d'actifs transparents entre différents réseaux blockchain. Cela favorise la collaboration, l'évolutivité et l'innovation, en s'attaquant à la fragmentation et à la nature cloisonnée de l'écosystème des crypto-monnaies.

De nombreux altcoins et projets émergents se concentrent sur des secteurs ou des cas d'utilisation spécifiques, tels que la gestion de la chaîne d'approvisionnement, les jeux, la distribution de contenu et la vérification d'identité. Ces projets exploitent la technologie blockchain pour fournir des solutions qui améliorent l'efficacité, la transparence et la sécurité au sein de leurs secteurs respectifs.

Le paysage de l'alt coin est très compétitif, avec de nombreux projets en lice pour attirer l'attention et gagner des parts de marché. Se démarquer et gagner l'adoption des utilisateurs peut être un défi au milieu d'une mer de crypto-monnaies émergentes.

L'environnement réglementaire entourant les crypto-monnaies continue d'évoluer, posant des défis et des incertitudes pour les altcoins et les projets émergents. Le respect des exigences réglementaires et la navigation dans les cadres juridiques peuvent avoir un impact sur leur potentiel de croissance et d'adoption.

Les altcoins et les projets émergents doivent continuer à innover et à développer leurs technologies pour rester pertinents dans l'écosystème des crypto-monnaies en évolution rapide. La recherche continue, les solutions d'évolutivité et l'engagement communautaire sont essentiels à leur succès à long terme.

Chapitre VIII : Naviguer sur le marché des crypto-monnaies

Offres initiales de pièces (ICO) et ventes de jetons

La technologie Blockchain a complètement changé le secteur financier et a offert aux entrepreneurs et aux entreprises innovantes une nouvelle façon de lever des fonds. Les offres initiales de pièces de monnaie (ICO) et les ventes de jetons ont gagné en attention et en popularité ces dernières années en tant que méthodes alternatives de génération de capital. En distribuant des jetons ou des pièces numériques aux investisseurs, ces techniques de levée de fonds permettent aux initiatives de lever des fonds. Dans cette section, nous explorerons le concept des ICO et des ventes de jetons, approfondirons leurs origines et leur évolution, discuterons de leurs avantages et de leurs défis, analyserons leur impact sur l'écosystème des cryptomonnaies et examinerons les considérations réglementaires entourant ces méthodes de collecte de fonds.

Le concept des ICO et des ventes de jetons remonte aux débuts du Bitcoin. Le succès du Bitcoin en tant que monnaie numérique décentralisée a jeté les bases de la tokenisation des actifs et de l'idée du financement participatif via l'émission de jetons numériques.

En 2013, Mastercoin a réalisé la toute première offre initiale de pièces de monnaie, levant des fonds pour développer une nouvelle couche au-dessus de la blockchain

Bitcoin. Cet événement révolutionnaire a ouvert la voie aux ICO ultérieures et a établi un cadre pour les ventes de jetons.

L'introduction de la plateforme Ethereum en 2015 a encore accéléré le phénomène des ICO. La fonctionnalité de contrat intelligent l'Ethereum et la création de la norme de jeton ERC-20 ont permis aux projets d'émettre et de distribuer plus facilement leurs propres jetons.

Avant de lancer une ICO ou une vente de jetons, les projets développent un concept complet et exposent leur vision dans un livre blanc. Le livre blanc détaille le projet, ses objectifs, l'utilité du jeton et l'équipe derrière celui-ci.

Le projet crée et distribue des jetons numériques aux investisseurs lors d'une ICO ou d'une vente de jetons. Ces jetons représentent généralement une participation dans le projet ou donnent accès à certaines fonctionnalités ou services au sein de l'écosystème.

L'objectif principal des ICO et des ventes de jetons est de collecter des fonds pour soutenir le développement de projets. Les ventes de jetons fournissent des fonds pour diverses utilisations, notamment l'amélioration des infrastructures, la croissance des équipes, le marketing et la recherche et développement.

Les ICO et les ventes de jetons ont démocratisé le processus de collecte de fonds, permettant aux startups et aux projets d'accéder au capital d'un pool mondial d'investisseurs. En tirant parti de la technologie blockchain et des contrats intelligents, ils contournent les intermédiaires traditionnels, permettant ainsi des opportunités de collecte de capitaux plus efficaces et plus inclusives.

La tokenisation fournit un mécanisme permettant d'aligner les incitations entre les fondateurs de projets, les premiers utilisateurs et les investisseurs. Les détenteurs de jetons se voient accorder la propriété ou l'utilité au sein de l'écosystème du projet, créant ainsi un sentiment d'appartenance et de loyauté. Cette structure incitative peut favoriser l'engagement communautaire, favoriser l'adoption et contribuer à la croissance globale de l'écosystème.

L'un des avantages notables des ICO et des ventes de jetons est la liquidité qu'elles offrent. Les jetons numériques peuvent être échangés sur des bourses de crypto-monnaie, fournissant ainsi des liquidités aux détenteurs de jetons. L'émergence des marchés secondaires permet aux investisseurs d'acheter, de vendre et d'échanger des jetons, offrant ainsi des opportunités de prise de bénéfices ou de diversification de por tefeuille.

Les ICO et les ventes de jetons ont été confrontées à des défis réglementaires et à des incertitudes dans de nombreuses juridictions. Les régulateurs ont besoin d'aide pour déterminer le statut juridique et les réglementations appropriées pour ces modèles de collecte de fonds. Les différentes approches réglementaires à travers le monde créent des complexités tant pour les fondateurs de projets que pour les investisseurs, nécessitant un examen attentif et des efforts de conformité.

La nature décentralisée et mondiale des ICO et des ventes de jetons pose des défis en termes de protection des investisseurs. Les escroqueries, les projets frauduleux et les manipulations de marché sont des risques que les investisseurs doivent gérer. La diligence raisonnable, la recherche et la compréhension des principes fondamentaux du projet deviennent essentielles pour atténuer ces risques.

Le marché des cryptomonnaies est connu pour sa forte volatilité et les valeurs des jetons peuvent connaître des fluctuations importantes. Les investisseurs dans les ICO et les ventes de jetons doivent se préparer à la volatilité des prix et comprendre les risques liés à l'investissement dans ces projets à un stade précoce. De saines pratiques de gestion des risques et une perspective d'investissement à long terme sont essentielles pour naviguer sur ce marché dynamique.

Les ICO et les ventes de jetons ont alimenté l'innovation en fournissant un moyen de financement pour des projets basés sur la blockchain. Ils ont conduit au développement d'applications décentralisées (DApps), de nouvelles plateformes blockchain et de cas d'utilisation innovants dans tous les secteurs.

Les ICO et les ventes de jetons ont démocratisé les opportunités d'investissement en permettant la participation d'individus du monde entier, quelle que soit leur situation géographique ou leur situation financière. Cela a ouvert des voies d'investissement auparavant inaccessibles aux investisseurs particuliers.

Les ICO et les ventes de jetons ont bouleversé les modèles traditionnels de financement participatif en offrant une méthode de collecte de capitaux plus efficace et plus inclusive. Les startups et les projets peuvent contourner les intermédiaires traditionnels, permettant ainsi un engagement direct avec la communauté des investisseurs.

Les approches réglementaires en matière d'ICO et de vente de jetons varient selon les juridictions, certains pays adoptant ces méthodes de collecte de fonds et d'autres imposant des restrictions ou mettant en œuvre des exigences de licence.

Les régulateurs se concentrent sur la protection des investisseurs, en veillant à ce que les projets émettant des jetons soient conformes aux réglementations en matière de valeurs mobilières, aux exigences de lutte contre le blanchiment d'argent (AML) et de connaissance du client (KYC), et fournissent une information adéquate aux investisseurs.

Les cadres réglementaires évoluent continuellement pour suivre le développement rapide de l'écosystème des crypto-monnaies. Les régulateurs s'efforcent de trouver un équilibre entre la promotion de l'innovation et la protection des intérêts des investisseurs.

Finance décentralisée (DéFi) et agriculture de rendement

La finance décentralisée (DéFi) est devenue une force révolutionnaire dans l'écosystème des crypto-monnaies, offrant des solutions financières innovantes sans avoir recours aux intermédiaires traditionnels. Dans le domaine de la DéFi, l'agriculture de rendement a gagné en popularité en tant que méthode permettant de maximiser les rendements des avoirs en crypto monnaies. Dans cette section, nous explorerons le concept de DéFi, approfondirons les subtilités de l'agriculture de rendement, discuterons de ses avantages et de ses défis, analyserons son impact sur le paysage financier et examinerons le potentiel futur de cette tendance de transfor mation.

DéFi représente un changement de paradigme dans la finance, tirant parti de la technologie blockchain pour créer des systèmes financiers ouverts, transparents et sans autorisation. Il propose une gamme d'applications décentralisées (DApps) qui permettent des prêts, des emprunts, des échanges et d'autres activités financières, toutes exécutées sur des blockchains publiques.

Les applications DéFi s'appuient sur des contrats intelligents, des accords auto-exécutables qui exécutent automatiquement des conditions prédéfinies. Ces contrats intelligents permettent l'automatisation, la transparence et l'exécution efficace des transactions financières. L'interopérabilité entre les différents protocoles et plates-formes DéFi améliore la liquidité et élargit la gamme d'opportunités financières.

DéFi englobe divers composants, notamment les échanges décentralisés (DEX), les plateformes de prêt et d'emprunt, les pièces stables, les agrégateurs de rendement et les teneurs de marché automatisés (AMM). Ces composants fonctionnent ensemble pour créer un écosystème financier décentralisé complet.

L'agriculture de rendement, également connue sous le nom d'extraction de liquidités, est une pratique dans laquelle des individus fournissent des liquidités aux protocoles DéFi en échange de récompenses. Cela implique de verrouiller les crypto-monnaies dans des contrats intelligents pour faciliter les transactions et gagner des intérêts, des frais ou des jetons de gouvernance.

Les producteurs de rendement apportent leurs avoirs en crypto monnaies à des pools de liquidités, qui permettent de négocier sur des bourses décentralisées ou de fournir des liquidités aux plateformes de prêt. En jalonnant leurs actifs, les agriculteurs deviennent des fournisseurs de liquidités et gagnent des rendements sous forme d'intérêts, de frais de transaction ou de récompenses symboliques.

L'agriculture de rendement s'appuie sur des mécanismes d'incitation pour attirer les fournisseurs de liquidité. Les projets distribuent souvent des jetons de gouvernance ou d'autres récompenses pour inciter les utilisateurs à contribuer à leur plateforme. Les tokenomics, y compris l'offre de jetons, les mécanismes de distribution et les taux d'inflation, sont essentiels pour façonner les écosystèmes agricoles à rendement.

L'agriculture de rendement offre un potentiel de rendements attractifs par rapport aux comptes d'épargne ou aux véhicules d'investissement traditionnels. En tirant parti des taux d'intérêt élevés, des frais et des récompenses symboliques offertes par les protocoles DéFi, les agriculteurs peuvent obtenir des rendements substantiels sur leurs avoirs en cryptomonnaies.

L'agriculture de rendement contribue à la liquidité des protocoles DéFi, améliorant leur efficacité du marché et réduisant les dérapages sur les échanges décentralisés. En fournissant des liquidités, les agriculteurs jouent un rôle essentiel dans la santé globale et la stabilité de l'écosystème DéFi.

Certaines initiatives d'agriculture de rendement fournissent des jetons de gouvernance, qui accordent aux détenteurs des droits de vote et la capacité de façonner l'orientation future du protocole. Cela permet aux agriculteurs d'avoir leur mot à dire dans les processus de prise de décision et dans le développement des plateformes qu'ils soutiennent.

L'agriculture de rendement implique d'interagir avec des contrats intelligents, qui peuvent comporter des risques tels que des vulnérabilités, des bugs ou des exploits potentiels. Les agriculteurs doivent évaluer soigneusement l'historique de sécurité et d'audit des protocoles avec lesquels ils s'engagent pour atténuer ces risques.

L'apport de liquidités sur les bourses décentralisées expose les agriculteurs à des pertes éphémères, la valeur de leurs actifs dans le pool de liquidités pouvant différer de leur valeur lorsqu'ils sont détenus individuellement. Les agriculteurs doivent comprendre et gérer ce risque lorsqu'ils participent à l'agriculture de rendement.

Les rendements et les récompenses obtenus grâce à l'agriculture de rendement sont soumis à la volatilité du marché et à l'évolution des conditions du marché. Les agriculteurs doivent se préparer aux fluctuations des prix et considérer l'impact potentiel des mouvements du marché sur leurs revenus globaux.

L'agriculture de rendement démocratise l'accès aux services financiers, permettant à toute personne disposant d'une connexion Internet et de détentions de crypto-monnaies de participer à l'obtention de rendements attractifs. Il offre une alternative inclusive aux systèmes financiers traditionnels qui peuvent exclure des individus spécifiques en fonction de leur situation géographique ou de leur situation financière.

L'agriculture de rendement a alimenté l'innovation dans l'espace DéFi, encourageant l'expérimentation de nouveaux modèles financiers, mécanismes d'incitation et tokenomics. La recherche de rendements plus élevés a conduit à la création de produits innovants et au perfectionnement des protocoles existants.

L'agriculture de rendement remet en question le rôle des intermédiaires financiers traditionnels en offrant des alternatives décentralisées en matière de prêt, d'emprunt et de commerce. À mesure que les protocoles DéFi mûrissent et sont adoptés par le grand public, ils ont le potentiel de perturber et de remodeler le paysage financier traditionnel.

À mesure que l'écosystème DéFi évolue, la durabilité et la viabilité à long terme seront des considérations clés. Garantir la sécurité, la fiabilité et la robustesse des protocoles

DéFi sera crucial pour la croissance continue et l'acceptation de l'agriculture de rendement.

L'environnement réglementaire entourant DéFi et l'agriculture de rendement continue de se développer, les autorités répondant aux préoccupations liées à la protection des investisseurs, à la manipulation du marché et au respect des réglementations financières existantes. Les futurs cadres réglementaires joueront un rôle essentiel pour façonner le paysage et établir la confiance du marché.

L'intégration de DéFi et de l'agriculture de rendement avec les systèmes financiers traditionnels présente un potentiel important. La collaboration entre les protocoles DéFi et les institutions financières conventionnelles pourrait combler le fossé entre la finance décentralisée et centralisée, ouvrant ainsi de nouvelles voies pour les flux de capitaux et l'innovation financière.

Jetons non fongibles (NFT) et objets de collection numériques

La technologie Blockchain a ouvert la voie à une nouvelle ère de propriété numérique et de rareté grâce aux jetons non fongibles (NFT). Les NFT ont gagné en attention et en popularité, révolutionnant la façon dont nous percevons et interagissons avec les actifs numériques. Cette section explore le concept des NFT, approfondit les subtilités des objets de collection numériques, discute de leur impact sur diverses industries et analyse les opportunités et les défis qu'ils présentent dans le paysage numérique en évolution.

La fongibilité fait référence à l'interchangeabilité des actifs ou des biens, où chaque unité est identique et peut être échangée une à une. Les crypto-monnaies qui existent depuis le plus longtemps, comme Bitcoin et Ethereum, sont fongibles car chaque unité a une valeur prédéterminée et peut être librement échangée.

Les jetons non fongibles (NFT) sont des actifs numériques uniques représentant la propriété ou la preuve de l'authenticité d'un élément ou d'un contenu spécifique. Contrairement aux cryptomonnaies, les NFT ne peuvent pas être échangés de manière individuelle car ils possèdent des caractéristiques uniques, les rendant distincts et indivisibles.

Les NFT permettent la tokenisation de divers actifs numériques, notamment des œuvres d'art, de la musique, des biens immobiliers virtuels, des objets virtuels dans les jeux, des objets de collection, etc. Chaque NFT est enregistré sur une blockchain, fournissant un enregistrement de propriété transparent et immuable.

Les objets de collection numériques, une catégorie de NFT, ont connu un regain de popularité, permettant aux particuliers de collectionner et de posséder des objets numériques uniques. Ces articles vont de l'art numérique, des cartes à collectionner virtuelles, des actifs de jeu et de l'immobilier virtuel aux produits numériques en édition limitée.

Les objets de collection numériques tirent leur valeur de la rareté et de la rareté. Les artistes, les créateurs et les plateformes peuvent attribuer des éditions limitées, des attributs uniques ou des fonctionnalités spéciales aux NFT, les rendant plus désirables et plus précieux pour les collectionneurs.

Les NFT fournissent une preuve vérifiable de propriété et d'authenticité des objets de collection numériques. La technologie blockchain qui sous-tend les NFT garantit que les enregistrements de propriété sont sécurisés, transparents et infalsifiables, permettant aux collectionneurs de posséder et d'échanger leurs actifs numériques en toute confiance.

Les NFT ont révolutionné l'industrie de l'art, permettant aux artistes de monétiser leurs créations numériques, d'établir des relations directes avec les collectionneurs et de percevoir des redevances via des contrats intelligents. Ce nouveau paradigme a suscité la créativité, l'innovation et l'inclusivité dans l'art.

Les NFT ont introduit de nouvelles possibilités de propriété et de monétisation au sein de l'industrie du jeu. Les joueurs peuvent posséder et échanger des objets dans le jeu, des biens immobiliers virtuels et des personnages, favorisant ainsi un marché secondaire dynamique et donnant aux joueurs la véritable propriété de leurs biens numériques.

Les NFT peuvent potentiellement transformer les industries de la musique et du divertissement en offrant aux artistes des sources de revenus alternatives, en permettant aux fans de collectionner des sorties musicales en édition limitée et en révolutionnant la billetterie et les expériences des fans.

Les NFT bouleversent les secteurs de la mode et du luxe en permettant aux marques de symboliser des articles en édition limitée, d'authentifier la provenance des produits et d'améliorer l'engagement des clients grâce à des expériences numériques immersives.

Les NFT démocratisent la propriété en éliminant les barrières géographiques et en permettant à toute personne disposant d'une connexion Internet de posséder des actifs numériques uniques. Cela crée de nouvelles opportunités pour les créateurs, les collectionneurs et les fans du monde entier.

L'interopérabilité et la standardisation des NFT sur différentes plateformes et marchés sont cruciales pour favoriser un écosystème sain et durable. La collaboration et le développement de normes à l'échelle de l'industrie amélioreront la liquidité, l'accessibilité et l'expérience utilisateur.

La consommation d'énergie associée aux réseaux blockchain a soulevé des inquiétudes quant à l'impact environnemental des NFT. L'exploration d'alternatives respectueuses de l'environnement et la mise en œuvre de pratiques durables seront cruciales pour la viabilité à long terme de la technologie.

La tokenisation des actifs numériques soulève des questions juridiques et de droit d'auteur complexes. L'établissement de cadres pour protéger les droits de propriété intellectuelle, garantir une rémunération équitable aux créateurs et prévenir les violations sera essentiel pour la croissance et l'acceptation continues des NFT.

L'intégration des NFT aux technologies de réalité virtuelle et augmentée ouvre des possibilités d'expériences numériques immersives et interactives. Les mondes virtuels et les métavers pourraient devenir la prochaine frontière de l'adoption du NFT, révolutionnant la façon dont nous interagissons avec les actifs numériques.

Les NFT ont le potentiel de transformer le secteur de l'éducation en permettant la délivrance de certificats, diplômes et titres vérifiables sur la blockchain. Cela peut améliorer la transparence, la sécurité et la facilité de vérification des résultats scolaires.

Les NFT reflètent l'évolution du comportement des consommateurs consistant à valoriser les expériences numériques et la propriété numérique. L'adoption généralisée des NFT pourrait remodeler les modes de consommation traditionnels, redéfinir les notions de propriété et brouiller les frontières entre les actifs physiques et numériques.

Jalonnement, prêts et autres stratégies génératrices de revenus

L'évolution de l'écosystème des cryptomonnaies a offert de nouvelles opportunités d'investissement et introduit des stratégies innovantes génératrices de revenus pour les détenteurs de crypto-monnaies. Le jalonnement, les prêts et d'autres stratégies ont gagné en popularité en tirant parti de la technologie blockchain pour gagner un revenu passif. Cette section explorera le concept de jalonnement, de prêt et d'autres stratégies génératrices de revenus dans l'espace des crypto-monnaies. Nous approfondirons leurs mécanismes, leurs avantages, leurs risques et leur impact sur l'écosystème des cr ypto-monnaies.

Le jalonnement consiste à détenir et à « jalonner » une certaine quantité de crypto-monnaies dans un portefeuille ou une plate-forme désignée pour prendre en charge les opérations d'un réseau blockchain de preuve de participation (PoS). En jalonnant leurs pièces, les participants contribuent à la sécurité et au consensus du réseau et, en retour, ils reçoivent des récompenses sous la forme de jetons supplémentaires ou de frais de transaction.

Le staking offre divers avantages, notamment la possibilité de gagner un revenu passif, de soutenir la sécurité et la décentralisation du réseau et de participer à la gouvernance du réseau blockchain grâce aux droits de vote. Des incitations telles que les récompenses de mise et l'appréciation des jetons incitent les participants à miser leurs pièces.

Les pools de mise en jeu permettent aux individus de mettre en commun leurs ressources de mise en jeu, augmentant ainsi les chances de gagner des récompenses. Le jalonnement délégué permet aux participants de déléguer leur pouvoir de jalonnement à un validateur de confiance, éliminant ainsi le besoin d'expertise technique et d'infrastructure.

Les plateformes de prêt en crypto monnaie facilitent les prêts peer-to-peer, permettant aux particuliers de prêter leurs actifs numériques et de gagner des intérêts. Les emprunteurs peuvent garantir leurs prêts en fournissant des garanties sous forme de crypto-monnaies.

Les prêteurs gagnent à générer des intérêts sur leurs investissements dormants en crypto monnaies, à diversifier leurs sources de revenus et à obtenir des taux d'intérêt plus élevés que ceux des institutions financières conventionnelles. Certaines plateformes de prêt offrent également des fonctionnalités telles que le réinvestissement automatique des intérêts et la composition des rendements.

Les emprunteurs peuvent utiliser leurs avoirs en crypto-monnaies comme garantie pour garantir des prêts sans avoir besoin de vérifications de crédit ou de processus bancaires traditionnels. Cela leur permet d'accéder à des liquidités sans vendre leurs actifs cryptographiques, leur permettant ainsi de bénéficier d'une appréciation potentielle des prix.

La fourniture de liquide consiste à fournir des liquidités à des bourses décentralisées ou à des pools de liquidités, en gagnant des frais en retour. L'agriculture de rendement va encore plus loin en fournissant des liquidités en utilisant plusieurs plates-formes pour maximiser les rendements grâce à des stratégies telles que le jalonnement, les prêts et la participation à des programmes d'extraction de liquidités.

Les masternodes sont des nœuds spécialistes qui remplissent des fonctions supplémentaires au sein d'un réseau blockchain. L'exécution d'un masternode nécessite souvent un investissement initial important et une expertise technique. En retour, les opérateurs de masternodes reçoivent des récompenses pour leur soutien aux opérations du réseau.

Certaines pièces de preuve de participation distribuent des dividendes réguliers aux détenteurs de pièces afin d'encourager l'investissement à long terme et la participation à la gouvernance du réseau. Ces dividendes sont distribués proportionnellement au nombre de pièces mises en jeu détenues par chaque participant.

Les stratégies génératrices de revenus dans l'investissement en crypto-monnaie offrent la possibilité de gagner un revenu passif en tirant parti des avoirs en crypto-monnaie. Les stratégies de jalonnement, de prêt et autres permettent aux individus de s'engager dans le réseau et de gagner des récompenses pour leurs contributions, comme la validation de transactions ou la fourniture de liquide.

S'engager dans des stratégies génératrices de revenus permet une diversification au-delà des voies d'investissement traditionnelles. En diversifiant les sources de revenus, les individus réduisent leur dépendance à l'égard d'une seule source de revenus, améliorant ainsi la stabilité et la résilience financières.

Certaines stratégies génératrices de revenus, telles que le jalonnement et l'exploitation de masternodes, permettent aux participants de contribuer activement à la gouvernance du réseau. Cette implication leur confère un droit de vote et une voix dans les processus décisionnels, favorisant un sentiment de communauté et permettant de façonner l'orientation future du réseau.

Les marchés des cryptomonnaies sont connus pour leur volatilité, et les stratégies génératrices de revenus ne sont pas à l'abri des fluctuations des prix. Les participants doivent être conscients des risques potentiels associés aux ralentissements du marché, car la baisse des prix des cryptomonnaies peut avoir un impact sur la valeur des récompenses ou des intérêts gagnés. La gestion des risques et une perspective d'investissement à long terme sont essentielles pour naviguer dans cette dynamique de marché.

S'engager avec des plateformes de prêt, des pools de jalonnement ou d'autres services tiers introduit des risques de contrepartie. Les participants doivent faire preuve de prudence et effectuer des recherches approfondies lors de la sélection des plateformes afin d'atténuer les risques de piratage, d'escroquerie ou d'insolvabilité de la plateforme. Choisir des plateformes réputées et bien établies dotées de mesures de sécurité robustes est crucial pour protéger les investissements et les revenus.

Certaines stratégies génératrices de revenus, telles que l'exploitation d'un masternode ou la mise en place d'une infrastructure de jalonnement, nécessitent des connaissances techniques et des considérations opérationnelles. Les participants doivent garantir la sécurité, la fiabilité et la configuration appropriée de leur configuration pour atténuer les risques potentiels. Les défis techniques, les mises à jour logicielles et la maintenance du réseau peuvent également avoir un impact sur le bon fonctionnement des stratégies génératrices de revenus.

Le jalonnement contribue à la sécurité et à la décentralisation des réseaux blockchain en incitant les participants à miser leurs pièces, soutenant ainsi les opérations de réseau et les mécanismes de consensus.

Les plateformes de prêt et les stratégies de fourniture de liquidité améliorent la liquidité dans l'écosystème des crypto-monnaies, permettant une découverte efficace des prix et réduisant les frictions commerciales sur les bourses décentralisées.

Les stratégies génératrices de revenus attirent de nouveaux participants dans l'écosystème des crypto-monnaies en offrant des incitations supplémentaires au-delà des simples opportunités d'investissement. Ces stratégies augmentent l'engagement des utilisateurs et encouragent la participation à long terme.

ChapitreIX :Surmonterlesdéfisetlespiègesde l'investissement dans les crypto-monnaies

Erreurs courantes à éviter

L'investissement en crypto-monnaie offre des opportunités intéressantes d'accumulation de richesse et de croissance financière. Cependant, naviguer sur le marché des cryptomonnaies peut être difficile et de nombreux investisseurs sont la proie d'erreurs courantes qui peuvent entraîner des pertes importantes. Dans cette section, nous explorerons certaines des erreurs les plus courantes commises lors de l'investissement en crypto-monnaie et fournirons des informations sur la manière de les éviter. En comprenant ces pièges et en mettant en œuvre des stratégies d'investissement judicieuses, les investisseurs peuvent augmenter leurs chances de succès et atténuer les risques potentiels.

L'une des erreurs les plus courantes en matière d'investissement dans les crypto-monnaies est de ne pas mener de recherches approfondies. Comprendre la technologie sous-jacente, la dynamique du marché, l'équipe de projet et l'écosystème global est crucial avant de prendre toute décision d'investissement.

Les investisseurs doivent évaluer la crédibilité, la transparence et la légitimité du projet dans lequel ils envisagent d'investir. L'examen des livres blancs, l'examen de la feuille de route du projet, l'analyse des antécédents des équipes et l'évaluation du sentiment de la communauté sont des étapes essentielles dans la conduite de la diligence raisonnable.

En effectuant des recherches approfondies et en faisant preuve de diligence raisonnable, les investisseurs peuvent minimiser le risque d'investir dans des projets aux intentions douteuses, aux fondamentaux médiocres ou aux promesses irréalistes.

La peur de rater quelque chose (FOMO) peut amener les investisseurs à prendre des décisions impulsives basées sur le battage médiatique du marché et la peur de rater des bénéfices potentiels. Cela se traduit souvent par des achats au plus fort d'un cycle de marché et par des pertes importantes lorsque le marché se corrige.

L'excès de confiance et la cupidité peuvent conduire les investisseurs à ignorer les stratégies de gestion des risques et à rechercher des profits rapides. Ce comportement peut entraîner une exposition excessive à des actifs à haut risque et des pertes impor tantes.

Les investisseurs doivent s'efforcer de développer un état d'esprit rationnel, en prenant des décisions fondées sur une analyse minutieuse, une évaluation des risques et une perspective d'investissement à long terme. Faire preuve de patience et de discipline peut aider à éviter des décisions motivées par les émotions.

Ne pas diversifier les investissements est une erreur courante qui expose les investisseurs à des risques inutiles. La concentration des investissements dans une seule crypto-monnaie ou dans un seul secteur augmente la vulnérabilité à la volatilité et aux ralentissements du marché.

Les investisseurs doivent définir des attentes réalistes concernant les rendements potentiels et la volatilité. Les marchés des crypto-monnaies sont très volatils et il est crucial d'allouer les investissements en fonction de la tolérance au risque et des objectifs financiers de chacun.

La mise en œuvre d'ordres stop-loss peut aider à se protéger contre des pertes importantes en déclenchant automatiquement une vente si le prix d'une crypto monnaie tombe en dessous d'un seuil prédéterminé. Cette stratégie permet de gérer le risque de baisse.

Les investisseurs qui suivent constamment les tendances du marché à court terme et effectuent des transactions fréquentes peuvent être victimes du bruit du marché. Des transactions rapides basées sur des fluctuations de prix à court terme peuvent entraîner des frais de négociation excessifs et des opportunités de croissance manquées à long terme.

Les marchés des cryptomonnaies sont soumis à des cycles d'expansion et de récession. Les investisseurs doivent adopter une perspective à long terme, en comprenant que la volatilité à court terme fait partie de la nature du marché et qu'essayer d'anticiper le marché peut être très risqué.

Donner la priorité à l'analyse fondamentale plutôt qu'aux mouvements de prix à court terme peut aider les investisseurs à identifier des projets dotés de bases solides, d'une viabilité à long terme et d'un potentiel de croissance soutenue.

S'abstenir de mettre en œuvre des mesures de sécurité appropriées pour protéger les avoirs en crypto-monnaies est une erreur critique. Les investisseurs doivent utiliser des portefeuilles matériels, des mots de passe forts, une authentification à deux facteurs et se méfier des tentatives de phishing et des plateformes non sécurisées.

Les investisseurs doivent sélectionner des crypto-monnaies réputées et sécurisées. Il est essentiel d'effectuer des recherches approfondies sur les protocoles de sécurité des bourses, les antécédents et les commentaires des utilisateurs pour éviter d'éventuels piratages ou pertes de fonds.

Rester informé des dernières pratiques de sécurité, des nouvelles menaces et des meilleures pratiques en matière de sécurisation des crypto-monnaies est crucial pour maintenir un niveau de sécurité élevé.

L'impatience et la recherche de profits rapides peuvent conduire les investisseurs à se lancer dans des transactions spéculatives ou à investir dans des projets sans bases solides. Le succès à long terme dans l'investissement en crypto-monnaie nécessite de la patience, de la discipline et une concentration sur la valeur fondamentale.

Les marchés des cryptomonnaies sont connus pour leur volatilité. Les investisseurs doivent se préparer aux fluctuations du marché, éviter les ventes de panique en cas de ralentissement du marché et adopter une perspective à long terme pour surmonter la volatilité à court terme.

L'élaboration d'une stratégie d'investissement à long terme bien définie, alignée sur vos objectifs financiers personnels et votre tolérance au risque, permet d'éviter une prise de décision impulsive basée sur les mouvements du marché à court terme.

Une erreur courante qui peut avoir de graves conséquences financières est d'investir plus d'argent que l'on ne peut se permettre de perdre. Les investisseurs doivent établir un budget, évaluer leur tolérance au risque et investir selon leurs moyens.

Il est essentiel de réévaluer régulièrement le portefeuille d'investissement et d'ajuster les allocations en fonction de l'évolution des conditions du marché, de l'appétit pour le risque et des objectifs financiers pour maintenir un portefeuille équilibré et diversifié.

En cas de doute, demander conseil à des professionnels ou à des conseillers financiers expérimentés dans l'investissement en crypto-monnaie peut fournir des informations précieuses et aider à éviter des erreurs coûteuses.

Faire face aux manipulations de marché et aux escroqueries

Le marché des cryptomonnaies a gagné en attention et en popularité, attirant à la fois des investisseurs légitimes et des acteurs sans scrupules cherchant à exploiter l'écosystème. Les manipulations de marché et les escroqueries présentent des risques importants pour les investisseurs en crypto monnaies, car elles peuvent entraîner des pertes financières et éroder la confiance dans le secteur. Cette section explorera les différents types de manipulations de marché et d'escroqueries répandues dans l'investissement en crypto monnaies, discutera de leur impact sur les investisseurs et sur le marché en général, et proposera des stratégies pour détecter et atténuer ces risques.

La manipulation du marché fait référence à des activités intentionnelles visant à fausser le marché au profit d'individus ou de groupes spécifiques. Les types courants de manipulation de marché dans le domaine des crypto-monnaies comprennent les systèmes de pompage et de vidage, l'usurpation d'identité, les opérations de lavage et les délits d'initiés.

Les systèmes de pompage et de vidage consistent à gonfler artificiellement le prix d'une crypto monnaie par le biais d'achats coordonnés, suivis d'une vente lorsque le prix atteint un sommet. Cela entraîne des pertes importantes pour les investisseurs peu méfiants qui achètent à des prix gonflés.

L'usurpation d'identité consiste à passer des ordres d'achat ou de vente importants pour simuler l'offre ou la demande du marché, puis à les annuler une fois que le prix a évolué dans la direction souhaitée. Le wash trading implique l'exécution simultanée d'ordres d'achat et de vente pour créer un faux volume de transactions et manipuler le sentiment du marché.

Un délit d'initié se produit lorsque des individus disposant d'informations privilégiées les utilisent pour effectuer des transactions avant des annonces publiques, obtenant ainsi des avantages injustes par rapport aux autres investisseurs.

Les fraudeurs créent souvent des offres initiales de pièces (ICO) et des ventes de jetons frauduleux, promettant des retours sur investissement élevés mais ne fournissant aucun produit ou service tangible. Les investisseurs doivent être prudents et faire preuve d'une diligence raisonnable approfondie avant de participer à une ICO ou à une vente de jetons.

Les systèmes de Ponzi et pyramidaux attirent les investisseurs avec des promesses de rendements élevés garantis ou de primes de parrainage, en s'appuyant sur les fonds de nouveaux investisseurs pour rémunérer les investisseurs précédents. Ces systèmes finissent par s'effondrer, laissant de nombreux investisseurs avec des pertes substantielles.

Les attaques de phishing impliquent des tentatives trompeuses pour acquérir des clés privées ou des mots de passe de connexion, entre autres informations sensibles. Les attaques de piratage ciblent les échanges et les portefeuilles de crypto-monnaies, entraînant une perte de fonds. Les investisseurs doivent recourir à des mesures de sécurité robustes pour se protéger contre de telles attaques.

Les manipulations de marché et les escroqueries peuvent entraîner des pertes financières importantes pour les investisseurs peu méfiants qui sont victimes de stratagèmes frauduleux ou de pratiques manipulatrices.

Les incidents de manipulation du marché et les escroqueries érodent la confiance dans l'écosystème des cryptomonnaies, dissuadant les nouveaux investisseurs et étouffant la croissance et le développement du marché.

La prévalence des manipulations de marché et des escroqueries a soulevé des préoccupations en matière de réglementation dans le monde entier. Les gouvernements et les organismes de réglementation prennent des mesures pour protéger les investisseurs et appliquent des réglementations plus strictes pour lutter contre les activités frauduleuses.

Les investisseurs doivent effectuer des recherches approfondies et faire preuve de diligence raisonnable avant d'investir dans la crypto-monnaie ou de participer à des ventes de jetons. Examiner les livres blancs, examiner les antécédents des équipes et analyser la viabilité du projet sont des étapes essentielles pour éviter les escroqueries. Choisir des échanges de crypto-monnaies réputés et réglementés réduit le risque d'être victime d'escroqueries ou de problèmes liés aux échanges. Lors de la sélection d'une bourse, les investisseurs doivent prendre en compte les mesures de sécurité, les antécédents et les commentaires des utilisateurs.

Il est crucial de rester informé des dernières nouvelles, des tendances du marché et des risques potentiels dans le secteur des crypto-monnaies. Suivre des sources fiables, s'engager dans les communautés et participer à des programmes éducatifs peut aider les investisseurs à rester informés et à prendre des décisions éclairées.

Les investisseurs doivent se méfier des opportunités d'investissement qui promettent des rendements élevés garantis ou qui semblent trop belles pour être vraies. Des promesses irréalistes indiquent souvent des escroqueries potentielles ou des stratagèmes frauduleux.

L'utilisation de mesures de sécurité robustes telles que des portefeuilles matériels, une authentification à deux facteurs et des mots de passe forts peuvent protéger les investissements contre les attaques de piratage et de phishing.

Le secteur des crypto-monnaies, y compris les bourses, les projets et les investisseurs, devrait collaborer pour identifier et signaler les activités suspectes, partager les meilleures pratiques et développer des initiatives d'autoréglementation pour lutter contre la manipulation du marché et les escroqueries.

Les régulateurs jouent un rôle crucial dans la protection des investisseurs et le maintien de l'intégrité du marché. Les gouvernements du monde entier adoptent ou envisagent de mettre en place des cadres réglementaires pour lutter contre la fraude et garantir la transparence dans l'écosystème des crypto-monnaies.

Intelligence émotionnelle et investissement discipliné

L'investissement dans les crypto-monnaies présente des opportunités intéressantes de croissance financière, mais comporte des risques et une volatilité inhérents. Pour réussir à naviguer sur le marché dynamique des cryptomonnaies, les investisseurs doivent posséder une intelligence émotionnelle et pratiquer un investissement discipliné. L'intelligence émotionnelle aide les investisseurs à gérer leurs émotions et à prendre des décisions rationnelles, tandis qu'un investissement discipliné garantit le respect d'une stratégie d'investissement bien définie. Cette section explorera l'importance de l'intelligence émotionnelle et de l'investissement discipliné dans l'investissement en crypto-monnaie, en discutant de leurs avantages, de leurs défis et des stratégies pour leur culture.

L'intelligence émotionnelle fait référence à la reconnaissance, à la compréhension et à la gestion des émotions de soi et des autres. Il comprend plusieurs composantes : la conscience de soi, l'autorégulation, l'empathie et les compétences sociales.

L'investissement en crypto-monnaie est semé d'embûches émotionnelles comme la peur, le FOMO (Fear of Missing Out), l'avidité et la panique. Ces émotions peuvent conduire à une prise de décision impulsive, à la recherche de profits rapides ou à la soumission à la volatilité des marchés.

Développer l'intelligence émotionnelle permet aux investisseurs de gérer efficacement leurs émotions, de prendre des décisions rationnelles basées sur une analyse solide, de maintenir la discipline lors des fluctuations du marché et de renforcer leur résilience pour faire face aux hauts comme aux bas du marché des crypto-monnaies.

L'investissement discipliné fait référence au respect d'une stratégie d'investissement bien définie et au respect de règles et de principes prédéterminés. Cela implique de maintenir une perspective à long terme, d'éviter les décisions impulsives et de rester engagé envers le plan d'investissement.

Un investissement discipliné aide les investisseurs à éviter les préjugés émotionnels, à minimiser les transactions impulsives, à réduire l'exposition à des risques excessifs et à rester concentrés sur leurs objectifs à long terme. Il favorise la cohérence, la rationalité et la capacité à résister à la volatilité des marchés.

Les marchés des cryptomonnaies sont connus pour leur volatilité et leurs mouvements de prix imprévisibles, mettant à l'épreuve la capacité des investisseurs à rester disciplinés. Le FOMO, le bruit du marché et les tendances du marché à court terme peuvent remettre en question l'engagement des investisseurs envers leur stratégie d'investissement.

Développer la conscience de soi est la première étape vers le développement de l'intelligence émotionnelle. Les investisseurs doivent régulièrement réfléchir à leurs émotions, leurs préjugés et leurs réactions aux événements du marché. La tenue d'un journal et l'auto-évaluation peuvent aider à mieux comprendre les déclencheurs émotionnels d'une personne.

La pratique de techniques de régulation émotionnelle telles que la respiration profonde, la pleine conscience et la méditation peut aider les investisseurs à gérer leurs émotions pendant les turbulences des marchés. Ces techniques favorisent la clarté, la concentration et une meilleure prise de décision.

Développer l'empathie et les compétences sociales permet aux investisseurs de comprendre le sentiment du marché, de reconnaître les points de vue des autres acteurs du marché et de s'engager dans des discussions constructives. Cela améliore la prise de décision basée sur des informations plus larges et favorise de meilleures interactions avec la communauté des crypto-monnaies.

Les investisseurs doivent définir leurs objectifs d'investissement, leurs horizons temporels, leur tolérance au risque et leurs stratégies d'allocation d'actifs. Un plan d'investissement bien défini fournit une feuille de route et sert de guide lors des fluctuations du marché.

Une recherche approfondie des investissements potentiels, une analyse des tendances du marché et une évaluation des principes fondamentaux du projet sont essentielles pour une prise de décision éclairée. Les investisseurs doivent donner la priorité à l'analyse fondamentale plutôt qu'aux fluctuations de prix à court terme.

Fixer des attentes réalistes et comprendre la volatilité inhérente aux marchés des cryptomonnaies aide les investisseurs à éviter les réactions impulsives aux mouvements de prix à court terme. Les objectifs à long terme et la patience sont la clé d'un investissement réussi dans les cryptomonnaies.

Les investisseurs disciplinés emploient des stratégies de gestion des risques, telles que la diversification, la taille des positions et l'utilisation d'ordres stop-loss. Ces stratégies aident à atténuer les pertes potentielles et à protéger le capital en cas de ralentissement des marchés.

Les investisseurs doivent développer une conscience cognitive des préjugés émotionnels courants qui influencent la prise de décision, tels que le biais de confirmation, le biais de récence et l'ancrage. Reconnaître et remettre en question ces préjugés aide à prendre des décisions d'investissement plus rationnelles et objectives.

S'engager avec des investisseurs partageant les mêmes idées, participer à des communautés d'investissement et rechercher le soutien de mentors ou de conseillers financiers peuvent offrir des perspectives précieuses et aider à contrer les préjugés émotionnels.

L'examen régulier des performances des investissements et l'évaluation objective des résultats des décisions d'investissement permettent d'identifier les domaines à améliorer et renforcent l'importance de la discipline et de l'intelligence émotionnelle.

Apprendre des échecs et adapter les stratégies

L'investissement en crypto-monnaie est un marché dynamique et en constante évolution qui présente des opportunités et des défis. Les revers sont inévitables dans ce paysage volatile, mais la capacité à tirer les leçons de ces revers et à adapter les stratégies d'investissement est cruciale pour le succès à long terme. Cette section explorera l'importance de tirer les leçons des revers, discutera des défis courants auxquels les investisseurs en crypto monnaies sont confrontés et fournira des stratégies pour adapter les stratégies d'investissement afin d'atténuer les risques et de maximiser les rendements potentiels.

Les revers dans l'investissement en crypto-monnaie font référence à des ralentissements inattendus du marché, à des pertes d'investissement ou à des défis imprévus. Ces revers peuvent survenir en raison de la volatilité du marché, de changements réglementaires, de développements technologiques ou de problèmes spécifiques à un projet.

Apprendre des échecs est essentiel pour la croissance personnelle et professionnelle. Chaque revers est l'occasion d'acquérir des connaissances précieuses, d'affiner les approches d'investissement et de renforcer la résilience face à l'adversité.

Adopter une mentalité de croissance, qui considère les défis comme des opportunités d'apprentissage, permet aux investisseurs de surmonter les revers et de les utiliser comme tremplins vers le succès futur.

La forte volatilité des marchés des crypto-monnaies est bien connue et peut entraîner d'importantes fluctuations de prix et des pertes d'investissement. Les investisseurs doivent composer avec cette volatilité et élaborer des stratégies pour gérer efficacement les risques.

Le paysage réglementaire entourant les crypto-monnaies évolue. Les changements de réglementation et les cadres juridiques peuvent avoir un impact sur la confiance des investisseurs et introduire des incertitudes auxquelles les investisseurs doivent s'adapter.

Investir dans les crypto-monnaies expose à des risques technologiques, tels que des vulnérabilités de la blockchain, des échecs de contrats intelligents ou des failles de sécurité. Comprendre et atténuer ces risques est crucial pour protéger les investissements.

L'analyse des décisions d'investissement passées est essentielle pour identifier les facteurs qui ont conduit aux revers. Les investisseurs doivent évaluer les raisons des pertes d'investissement, des erreurs de timing de marché ou des évaluations de projet inexactes pour obtenir des informations et éviter de répéter des erreurs similaires.

Effectuer des analyses post-mortem après des revers peut fournir de précieuses leçons. Cela implique d'évaluer les facteurs qui ont contribué au revers, d'identifier les domaines à améliorer et de mettre en œuvre des changements dans les stratégies d'investissement en conséquence.

Rester informé des tendances du marché, des technologies émergentes et des évolutions réglementaires est crucial pour apprendre et adapter les stratégies. S'engager dans une formation continue grâce à des ressources pédagogiques, assister à des conférences et participer à des discussions sectorielles aide les investisseurs à garder une longueur d'avance.

Demander conseil à des professionnels expérimentés ou à des conseillers financiers peut fournir des perspectives et des informations précieuses. Leur expertise peut aider les investisseurs à surmonter les revers, à adapter leurs stratégies et à prendre des décisions éclairées en fonction des conditions du marché.

La diversification des portefeuilles d'investissement dans différentes crypto-monnaies, secteurs et classes d'actifs permet d'atténuer les risques. En répartissant les investissements, les investisseurs peuvent minimiser l'impact des revers d'un investissement individuel.

La mise en œuvre de stratégies robustes de gestion des risques, telles que la définition d'ordres stop-loss, l'utilisation de techniques de dimensionnement des positions et la réévaluation régulière des allocations de portefeuille, contribuent à protéger les investissements et à gérer le risque de baisse.

Adopter une perspective à long terme en matière d'investissement dans les cryptomonnaies permet aux investisseurs de surmonter les fluctuations du marché à court terme et de capitaliser sur la croissance potentielle de projets solides. Cette approche permet de réduire l'impact des revers et offre une vision plus large du rendement des investissements.

Le marché des cryptomonnaies est dynamique et les investisseurs doivent rester flexibles et agiles pour répondre à l'évolution des conditions du marché. Cela implique de surveiller en permanence les investissements, d'adapter les stratégies aux nouvelles tendances et d'être ouvert à ajuster les positions si nécessaire.

Développer la résilience émotionnelle est crucial pour gérer les revers de l'investissement en crypto-monnaie. Cela implique de rester calme pendant les ralentissements des marchés, d'éviter les décisions impulsives motivées par la peur ou la panique et de maintenir une perspective à long terme.

L'investissement en crypto-monnaie demande de la patience et de la persévérance. Les revers devraient encourager les investisseurs à poursuivre leurs objectifs à long terme. Les revers doivent plutôt être considérés comme des obstacles temporaires au succès.

L'intelligence émotionnelle, notamment la conscience de soi, l'autorégulation et l'empathie, aide les investisseurs à gérer leurs émotions en cas de revers. En développant l'intelligence émotionnelle, les investisseurs peuvent prendre des décisions rationnelles et maintenir leur discipline dans les périodes difficiles.

ChapitreX : L'avenirdel'investissementdansles crypto-monnaies

Tendances et évolutions dans l'industrie de la cryptographie

Le secteur des cryptomonnaies a connu une croissance et une innovation remarquables depuis sa création. À mesure que la technologie blockchain continue d'évoluer, de nouvelles tendances et développements façonnent le paysage de l'industrie de la cryptographie. Dans cette section, nous explorerons certaines des tendances et développements importants de l'industrie de la cryptographie, notamment la finance décentralisée (DéFi), les monnaies numériques des banques centrales (CBDC), les NFT (jetons non fongibles), les solutions d'évolutivité et les avancées réglementaires. Comprendre ces tendances est crucial pour les investisseurs, les entreprises et les particuliers qui cherchent à naviguer dans le monde dynamique des crypto-monnaies.

La finance décentralisée, ou DéFi, fait référence aux applications et protocoles financiers construits sur des réseaux blockchain décentralisés. Ces plateformes permettent aux utilisateurs d'accéder à des services financiers tels que les prêts, les emprunts et le trading sans intermédiaire. DéFi a connu une croissance explosive, avec des milliards de dollars bloqués dans divers protocoles.

DeFi offre de nombreux avantages, notamment une meilleure inclusion financière, une liquidité accrue et un potentiel de rendement plus élevé par rapport à la finance traditionnelle. Cependant, des défis tels que les vulnérabilités en matière de sécurité, les incertitudes réglementaires et les limites d'évolutivité doivent être résolus pour une adoption plus large.

Le secteur DeFi devrait croître rapidement, attirant davantage d'utilisateurs et d'investisseurs institutionnels. L'innovation continue, l'amélioration de l'expérience utilisateur et la clarté de la réglementation seront essentielles pour façonner l'avenir de DéFi.

Les monnaies numériques des banques centrales (CBDC) sont des formes numériques de monnaies fiduciaires émises par les banques centrales. Plusieurs pays, dont la Chine, la Suède et les Bahamas, ont considérablement progressé dans le pilotage et la mise en œuvre des CBDC. Ces monnaies numériques visent à améliorer l'inclusivité financière, à réduire les coûts de transaction et également à accroître l'efficacité du système financier.

Les CBDC ont le potentiel de remodeler le système monétaire, mais elles présentent également des défis tels que des problèmes de confidentialité, des risques de cybersécurité et la nécessité d'interopérabilité entre les différentes CBDC. De plus, les CBDC pourraient avoir un impact sur les systèmes bancaires traditionnels et nécessiter un examen attentif des politiques monétaires.

Les CBDC devraient être adoptées à l'échelle mondiale, et davantage de pays explorent leur mise en œuvre. Des efforts de normalisation et une collaboration entre les banques centrales sont nécessaires pour relever les défis d'interopérabilité et garantir une infrastructure de paiement transfrontalière transparente.

Les jetons non fongibles (NFT) sont des actifs numériques uniques qui représentent la propriété ou la preuve de l'authenticité d'un objet spécifique, tel qu'une œuvre d'art, des objets de collection ou un bien immobilier virtuel. Les NFT ont gagné en attention et en popularité, attirant des artistes, des collectionneurs et des investisseurs. Les NFT ont divers cas d'utilisation, notamment l'art numérique, les jeux, l'immobilier virtuel et la tokenisation d'actifs du monde réel. Les NFT offrent aux créateurs de nouvelles opportunités de monétisation et permettent aux individus de posséder et d'échanger des actifs numériques uniques.

À mesure que le marché du NFT continue de croître, des défis tels que la durabilité environnementale et le besoin de marchés et de cadres juridiques standardisés doivent être relevés. La maturation du marché, une réglementation accrue et une adoption

plus
large devraient façonner l'avenir des NFT.

L'évolutivité est un problème de longue date dans la technologie blockchain. Les crypto-monnaies comme Bitcoin et Ethereum ont été confrontées à des limitations de débit de transaction et de congestion du réseau. Cela a entraîné des frais élevés et des délais de transaction plus lents.

Les solutions d'évolutivité, telles que les protocoles de couche 2 et les sidechains, visent à réduire la congestion et à améliorer la vitesse des transactions. De plus, les protocoles d'interopérabilité cherchent à connecter différents réseaux blockchain, permettant un transfert de valeur transparent entre eux.

Des efforts de recherche et de développement sont en cours pour relever les défis d'évolutivité dans l'industrie de la cryptographie. Des innovations telles que le partage, les canaux étatiques et les mécanismes de consensus améliorés sont à l'étude pour améliorer l'évolutivité et la convivialité.

Les cadres réglementaires entourant les crypto-monnaies ont évolué, de nombreux pays introduisant ou mettant à jour des réglementations pour apporter plus de clarté et protéger les investisseurs. Les gouvernements prennent des mesures pour prévenir le blanchiment d'argent, garantir la protection des consommateurs et promouvoir l'intégrité du marché.

Les avancées réglementaires ont ouvert la voie à une adoption institutionnelle accrue des crypto-monnaies. À mesure que les investisseurs institutionnels, tels que les banques, les gestionnaires d'actifs et les hedge funds, entrent sur le marché, celui-ci devient plus stable et plus liquide.

Les régulateurs sont confrontés au défi de trouver un équilibre entre la promotion de l'innovation et la protection des investisseurs. Des directives claires, des cadres de conformité et une collaboration industrielle sont essentiels à la croissance durable du secteur de la cryptographie.

Réglementations gouvernementales et considérations juridiques

Le secteur des cryptomonnaies a connu une croissance et une innovation considérables, posant des défis uniques aux gouvernements du monde entier. Pour répondre aux préoccupations liées à la protection des consommateurs, à la stabilité financière et aux activités illicites, les gouvernements ont mis en œuvre des réglementations et des cadres juridiques pour régir l'industrie de la cryptographie. Dans cette section, nous explorerons l'importance des réglementations gouvernementales et des considérations juridiques dans le secteur de la cryptographie, discuterons des défis rencontrés par les régulateurs et examinerons diverses approches réglementaires et leurs implications pour le secteur.

Les réglementations gouvernementales jouent un rôle essentiel dans la protection des intérêts des consommateurs en établissant des règles et des normes pour les entreprises de cryptographie. Les réglementations peuvent contribuer à prévenir la fraude, les escroqueries et les pratiques déloyales, garantissant ainsi des conditions de concurrence équitables pour les acteurs du marché.

La surveillance réglementaire est cruciale pour maintenir la stabilité financière au sein du secteur de la cryptographie. Les gouvernements visent à atténuer les risques associés à la manipulation du marché, au blanchiment d'argent et au financement du terrorisme, protégeant ainsi l'intégrité du système financier.

Des réglementations bien conçues peuvent favoriser l'innovation en apportant clarté et sécurité juridique aux entreprises opérant dans le secteur de la cryptographie. Des lignes directrices claires encouragent l'entrepreneuriat responsable, attirent les investisseurs institutionnels et renforcent la confiance du marché.

La nature rapide des progrès technologiques dans le secteur de la cryptographie pose des défis aux régulateurs. Suivre les innovations telles que la finance décentralisée (DéFi), les contrats intelligents et les technologies améliorant la confidentialité nécessite une compréhension approfondie de la technologie ainsi que de ses implications.

Les crypto-monnaies fonctionnent dans un domaine numérique sans frontières, ce qui rend difficile pour les régulateurs de faire appliquer les réglementations dans différentes juridictions. La coordination et la collaboration entre les gouvernements et les organismes internationaux sont nécessaires pour résoudre efficacement les problèmes transfrontaliers.

Les régulateurs doivent trouver un équilibre entre la promotion de l'innovation et la protection des investisseurs. Des réglementations trop strictes peuvent étouffer la croissance, tandis qu'un manque de réglementation peut exposer les investisseurs à

des
risques. Il est essentiel de trouver la bonne approche réglementaire pour favoriser une croissance responsable et garantir la confiance des investisseurs.

Certains pays ont choisi d'interdire ou de restreindre fortement les crypto-monnaies, invoquant des préoccupations concernant le blanchiment d'argent, la fraude et les activités illégales. Bien que ces mesures visent à protéger les consommateurs et le système financier, elles pourraient étouffer l'innovation et pousser les activités de cryptographie à la clandestinité.

D'autres juridictions exigent que les entreprises de cryptographie obtiennent des licences ou s'inscrivent auprès des autorités de régulation. Cette approche permet une surveillance réglementaire tout en donnant une légitimité aux entreprises. Cependant, le processus d'octroi de licence peut s'avérer fastidieux et dissuader les petites startups d'entrer sur le marché.

Les réglementations axées sur la divulgation et la protection des consommateurs visent à assurer la transparence et à permettre aux investisseurs de prendre des décisions éclairées. Ces réglementations obligent les entreprises à divulguer des informations pertinentes sur leurs opérations, leurs risques et leur santé financière.

Les entreprises engagées dans la cryptomonnaie doivent prendre des mesures pour mettre fin au blanchiment d'argent et au financement du terrorisme, conformément à la législation relative à la connaissance de votre client et à la lutte contre le blanchiment d'argent. Ces réglementations imposent aux entreprises l'obligation de vérifier l'identité de leurs clients, de surveiller les transactions et de signaler les activités suspectes.

Les gouvernements s'attaquent de plus en plus à la fiscalité des crypto-monnaies, les traitant comme des actifs ou des instruments imposables. L'établissement de directives fiscales claires contribue à garantir la conformité, à réduire l'évasion fiscale et à apporter de la clarté aux particuliers et aux entreprises impliqués dans les transactions cr yptog raphiques.

Compte tenu de la nature mondiale des cryptomonnaies, la coopération internationale est cruciale pour une réglementation efficace. Les gouvernements et les organismes internationaux doivent collaborer pour établir des normes cohérentes, partager des informations et relever les défis transfrontaliers.

Les régulateurs peuvent créer des bacs à sable d'innovation ou des bacs à sable réglementaires, permettant aux entreprises d'opérer dans des environnements contrôlés, de tester de nouvelles technologies et de collaborer avec les régulateurs. Les bacs à sable favorisent l'innovation tout en fournissant aux régulateurs des informations précieuses et des opportunités pour affiner les réglementations.

Éduquer le public sur les crypto-monnaies et leurs risques associés est essentiel. Les gouvernements devraient investir dans des campagnes de sensibilisation du public pour informer les individus sur les avantages et les risques potentiels des investissements cryptographiques et encourager une participation responsable.

Les cadres réglementaires doivent être agiles et adaptables pour suivre le rythme des progrès technologiques et de l'évolution de la dynamique du marché. Des évaluations régulières, des mécanismes de retour d'information et des consultations avec l'industrie permettent aux régulateurs d'affiner et de mettre à jour les réglementations selon les besoins.

Adoption institutionnelle et acceptation générale

Le monde de l'investissement dans les crypto-monnaies a connu un changement important ces dernières années avec la participation croissante des investisseurs institutionnels et l'acceptation progressive des crypto-monnaies dans la finance traditionnelle. L'adoption institutionnelle apporte de nouvelles opportunités, liquidités et crédibilité au marché de la cryptographie, signalant une phase de transformation dans le secteur. Cette section explorera l'importance de l'adoption institutionnelle, discutera des facteurs à l'origine de cette tendance, examinera les avantages et les défis associés à l'implication institutionnelle et analysera la voie à suivre pour généraliser l'acceptation des crypto-monnaies.

Le terme « adoption institutionnelle » décrit l'implication des principales organisations financières dans le commerce des crypto-monnaies, notamment les banques, les hedge funds, les fonds de pension et les gestionnaires d'actifs. Cette implication apporte de

la

crédibilité, des entrées de capitaux accrues et la possibilité d'une acceptation plus large du marché.

Plusieurs facteurs contribuent à l'augmentation de l'adoption institutionnelle, notamment une plus grande clarté réglementaire, la maturation de l'infrastructure du marché de la cryptographie, l'intérêt croissant des investisseurs institutionnels et l'émergence de prestataires de services de garde et de qualité institutionnelle.

Les institutions entrent sur le marché des cryptomonnaies par diverses voies, telles

que

les investissements directs, la participation à des offres initiales de pièces (ICO), la création de fonds de crypto-monnaies et des partenariats avec des sociétés existantes axées sur la cryptographie.

Les investisseurs institutionnels apportent des capitaux et des volumes de transactions importants sur le marché de la cryptographie, améliorant ainsi la liquidité et réduisant la volatilité des prix. L'augmentation de la liquidité facilite l'entrée et la sortie des positions pour les investisseurs, améliorant ainsi l'efficacité du marché.

L'implication institutionnelle confère de la crédibilité à l'industrie de la cryptographie.

La participation d'institutions financières réputées contribue à renforcer la confiance entre les investisseurs particuliers et les organismes de réglementation, validant ainsi les crypto-monnaies en tant que classe d'actifs légitime.

Les investisseurs institutionnels apportent une expertise professionnelle, des stratégies de gestion des risques et des technologies de trading avancées au marché de la cryptographie. Cela améliore l'efficacité du marché, réduit l'asymétrie de l'information et améliore les mécanismes de détermination des prix.

Les crypto-monnaies opèrent dans une zone grise réglementaire, avec des réglementations variables selon les juridictions. Les incertitudes réglementaires peuvent créer des défis pour les investisseurs institutionnels, qui ont besoin de lignes directrices claires pour garantir la conformité et atténuer les risques juridiques.

Le marché de la cryptographie est connu pour la volatilité de ses prix, ce qui présente des défis en matière de gestion des risques et de diversification des portefeuilles. Les investisseurs institutionnels doivent recourir à des stratégies de gestion des risques robustes pour gérer efficacement les fluctuations du marché.

Les crypto-monnaies sont confrontées à des risques de sécurité, notamment des piratages, des vols et des vulnérabilités en matière de cybersécurité. Les investisseurs institutionnels doivent mettre en œuvre des mesures de sécurité strictes, telles que des solutions de conservation sécurisées et des protocoles de cybersécurité complets, pour protéger leurs actifs.

L'établissement de cadres réglementaires clairs et cohérents est crucial pour l'acceptation générale. La clarté de la réglementation réduit les incertitudes juridiques, favorise la confiance des investisseurs et encourage une participation plus large des acteurs institutionnels.

Le développement continu des infrastructures est essentiel pour soutenir l'adoption institutionnelle. Cela inclut la disponibilité de services de garde fiables, de plateformes de négociation de niveau institutionnel, de bourses réglementées et de mécanismes robustes de surveillance du marché.

L'éducation joue un rôle essentiel dans l'acceptation par le grand public. Les gouvernements, les associations industrielles et les établissements d'enseignement devraient collaborer pour sensibiliser les investisseurs, les décideurs politiques et le grand public aux crypto-monnaies, à la technologie blockchain et aux avantages potentiels de la participation institutionnelle.

L'intégration du marché de la cryptographie et de la finance traditionnelle constitue une étape importante vers l'acceptation générale. Les collaborations entre les sociétés de cryptographie et les institutions financières conventionnelles, telles que les banques et les processeurs de paiement, facilitent des rampes d'accès et de sortie transparentes entre les monnaies cryptographiques et fiduciaires.

Opportunités et défis pour les futurs investisseurs

Ces dernières années, l'investissement dans les cryptomonnaies est devenu une voie d'investissement dynamique et potentiellement lucrative. À mesure que le secteur continue d'évoluer, les futurs investisseurs seront confrontés à une série d'opportunités et de défis qui peuvent avoir un impact significatif sur leur parcours d'investissement. Dans cette section, nous explorerons les opportunités présentées par l'investissement dans les cryptomonnaies, discuterons des défis auxquels les investisseurs peuvent être confrontés et fournirons des informations pour naviguer avec succès dans ce paysage en évolution.

Les crypto-monnaies ont connu une croissance substantielle, certaines connaissant une appréciation exponentielle des prix. Cela donne aux acheteurs une chance de gagner beaucoup d'argent, surtout s'ils investissent dans de nouveaux projets et altcoins.

Les crypto-monnaies offrent la possibilité de diversifier les portefeuilles d'investissement au-delà des actifs traditionnels. L'ajout de crypto-monnaies à un portefeuille peut réduire le risque global et augmenter les rendements potentiels en exploitant la nature non corrélée du marché des crypto-monnaies.

L'industrie de la cryptographie favorise l'innovation, offrant aux investisseurs l'accès à des technologies et des projets révolutionnaires. Investir dans les crypto-monnaies permet aux individus de soutenir et de participer au développement d'applications décentralisées, de protocoles blockchain et de solutions disruptives.

Les crypto-monnaies permettent aux investisseurs de participer à un marché mondial avec un minimum d'obstacles. Grâce aux plateformes et bourses numériques, les investisseurs peuvent s'engager dans le trading et les investissements en cryptomonnaies depuis n'importe où dans le monde, favorisant ainsi l'inclusivité et démocratisant les opportunités d'investissement.

Les marchés des cryptomonnaies sont connus pour leur forte volatilité et leurs fluctuations rapides de prix. Cette volatilité peut poser des défis aux investisseurs, nécessitant une résilience émotionnelle, des stratégies de gestion des risques et une perspective à long terme.

Le paysage réglementaire des crypto-monnaies continue d'évoluer, différentes juridictions adoptant des approches différentes. La stabilité du marché et la confiance des investisseurs peuvent être affectées par des lois peu claires ou incohérentes, source d'incertitudes pour les investisseurs.

Les crypto-monnaies sont confrontées à des risques de sécurité, notamment des attaques de piratage, de fraude et de phishing. Les investisseurs doivent donner la priorité à la sécurité en employant des mesures robustes, telles que l'utilisation de portefeuilles sécurisés, la mise en œuvre d'une authentification à deux facteurs et la prudence lors de l'interaction avec les plateformes numériques.

L'industrie de la cryptographie est vaste et complexe, ce qui rend difficile pour les investisseurs d'obtenir des informations précises et fiables. Naviguer à travers de nombreux projets, livres blancs et analyses de marché nécessite une diligence raisonnable et la capacité de discerner des sources d'informations crédibles.

Des recherches approfondies et une formation continue sont essentielles pour réussir un investissement en crypto-monnaie. Les investisseurs doivent se familiariser avec la technologie blockchain, les tendances du marché et les fondamentaux du projet. S'engager dans des ressources éducatives, assister à des conférences de l'industrie et rejoindre des communautés en ligne peuvent améliorer les connaissances et la compréhension.

La gestion des risques est cruciale dans l'investissement en crypto-monnaies. Les investisseurs doivent adopter des stratégies prudentes de gestion des risques, notamment en diversifiant leur portefeuille, en fixant des objectifs d'investissement clairs et en allouant seulement une partie de leur capital aux crypto-monnaies en fonction de leur tolérance au risque.

Faire preuve de diligence raisonnable et effectuer une analyse fondamentale sont essentiels pour évaluer les projets de crypto-monnaies. Les investisseurs doivent évaluer des facteurs tels que l'expertise de l'équipe, l'innovation technologique, le potentiel du marché et l'engagement communautaire pour prendre des décisions d'investissement éclairées.

Adopter une perspective à long terme est essentiel pour investir dans les cryptomonnaies. La volatilité des marchés à court terme ne doit pas éclipser le potentiel de projets solides. Les investisseurs qui maintiennent une mentalité à long terme peuvent mieux résister aux fluctuations du marché et bénéficier du potentiel de croissance de crypto-monnaies bien positionnées.

Les parties prenantes, notamment les gouvernements, les organismes de réglementation et les acteurs du secteur, doivent travailler ensemble pour établir des cadres réglementaires clairs qui protègent les investisseurs tout en favorisant l'innovation. La collaboration est essentielle pour relever les défis réglementaires et créer un environnement propice à un investissement responsable dans les cr yptomonnaies.

L'industrie de la cryptographie devrait s'efforcer d'établir des normes industrielles et des meilleures pratiques pour promouvoir la transparence, la sécurité et la protection des investisseurs. Les initiatives d'autoréglementation, le respect des politiques Know Your Customer (KYC) et de lutte contre le blanchiment d'argent (AML), ainsi que le développement de solutions de conservation sécurisées sont essentiels pour renforcer la confiance des investisseurs.

Les progrès technologiques en cours, tels que les solutions d'évolutivité, l'amélioration de la confidentialité et les protocoles d'interopérabilité, permettront de relever certains des défis auxquels est confronté le secteur des crypto-monnaies. L'innovation contribuera à un écosystème plus robuste et plus convivial, attirant un plus large éventail d'investisseurs.

Conclusion

Récapitulatif des concepts et idées clés

Tout au long de cet e-book complet sur l'investissement réussi dans les crypto-monnaies, nous avons exploré de nombreux concepts, idées et stratégies clés pour naviguer dans le monde dynamique des crypto-monnaies. Dans cette section, nous récapitulons les concepts essentiels abordés, en soulignant les principales informations acquises et en résumant les stratégies clés pour un investissement réussi dans les cryptomonnaies. Ce récapitulatif vise à consolider les connaissances acquises tout au long du manuel et à servir de référence précieuse pour les investisseurs débutants et expérimentés dans le domaine des crypto-monnaies.

I. Comprendrelesprincipesfondamentauxdelacrypto-monnaie

Les monnaies virtuelles ou numériques qui utilisent la technologie cryptographique pour sécuriser les transactions sont appelées crypto-monnaies. Ils ont évolué depuis l'invention du Bitcoin en 2009 et sont depuis devenus une classe d'actifs diversifiée et innovante.

La technologie Blockchain constitue le fondement des crypto-monnaies, fournissant

des enregistrements de transactions décentralisés et transparents. Il offre l'immuabilité,

la sécurité et le potentiel de perturber diverses industries au-delà de la finance.

Les crypto-monnaies peuvent être classées en différents types : Bitcoin en tant que crypto-monnaie pionnière, les altcoins en tant que crypto-monnaies alternatives, les pièces stables liées à des actifs du monde réel et les jetons utilitaires utilisés dans des écosystèmes de blockchain spécifiques.

II. Préparationàl'investissementetétablissementd'objectifs

Les investisseurs doivent évaluer leur situation financière, leur tolérance au risque et leurs objectifs d'investissement avant d'entrer sur le marché des crypto-monnaies. Comprendre la situation personnelle aide à formuler des stratégies d'investissement appropriées.

Des objectifs d'investissement clairs et réalistes sont essentiels pour orienter les décisions d'investissement. Ces objectifs peuvent inclure la préservation de la richesse, l'appréciation du capital, la génération de revenus ou le soutien de projets spécifiques alignés sur des valeurs personnelles.

L'évaluation de la tolérance au risque est essentielle pour déterminer la répartition d'actifs et les stratégies d'investissement appropriées. Des facteurs tels que l'horizon d'investissement, la stabilité financière et la résilience émotionnelle influencent la tolérance au risque.

III. Sélectiond'échangesdecrypto-monnaiefiables

Les bourses de crypto-monnaies servent de plateforme pour acheter, vendre et échanger des crypto-monnaies. La sélection d'une bourse fiable et réputée est cruciale pour garantir la sécurité, la liquidité et une expérience utilisateur positive.

Des facteurs tels que les mesures de sécurité, la conformité réglementaire, les frais de négociation, les crypto-monnaies disponibles, la liquidité, le support client et l'interface utilisateur doivent être pris en compte lors du choix d'une plateforme d'échange.

Avant de choisir une bourse, les investisseurs doivent d'abord entreprendre des recherches exhaustives et faire preuve de diligence raisonnable. Lire les avis, évaluer la réputation de la plateforme d'échange et prendre en compte les commentaires des utilisateurs peuvent aider à prendre une décision éclairée.

IV. Créerunportefeuilledecrypto-monnaiesécurisé

Les portefeuilles de crypto-monnaies sont des outils numériques qui stockent, envoient et reçoivent des crypto-monnaies en toute sécurité. Ils se présentent sous différentes formes, notamment du matériel, des logiciels et des portefeuilles en ligne.

Les portefeuilles matériels comme Trésor et Ledger offrent un stockage hors ligne et une sécurité renforcée. Les portefeuilles logiciels comme Exodus et Électrum sont installés sur les appareils et offrent plus de commodité. Les portefeuilles en ligne, tels que les bourses et les portefeuilles Web, offrent une accessibilité mais comportent des risques de sécurité plus élevés.

La mise en œuvre de mesures de sécurité, notamment des mots de passe forts, une authentification à deux facteurs (2FA), des phrases de sauvegarde et des mises à jour logicielles régulières, est essentielle pour protéger les avoirs en crypto-monnaies contre tout accès non autorisé.

V. Évaluationdesindicateurscléspourl'investissementencrypto-monnaie

La capitalisation boursière reflète la valeur totale d'une crypto monnaie et constitue une mesure de sa popularité et de sa valeur perçue. La liquidité indique la facilité d'acheter et de vendre une crypto monnaie sans impact significatif sur son prix.

Comprendre la dynamique de l'offre et de la demande d'une crypto-monnaie permet d'évaluer son potentiel d'appréciation des prix. Des facteurs tels que l'offre maximale, le taux d'inflation et l'utilité influencent la dynamique de l'offre et de la demande.

La volatilité fait référence à l'ampleur des fluctuations de prix d'une crypto monnaie. Si la volatilité peut présenter des opportunités de profit, elle comporte également des risques. L'analyse des données historiques sur les prix et des tendances du marché aide à comprendre les modèles de volatilité.

VI. Stratégiesetapprochesd'investissement

L'investissement à long terme consiste à conserver des crypto-monnaies pendant une période prolongée, en se concentrant sur l'analyse fondamentale et en identifiant des projets prometteurs. Le trading à court terme consiste à tirer parti de la volatilité des prix et de l'analyse technique pour générer des bénéfices rapides.

La diversification répartit les investissements entre différentes crypto-monnaies, réduisant ainsi l'exposition au risque. Allouer une part appropriée du portefeuille aux crypto-monnaies en fonction de la tolérance au risque et des objectifs d'investissement est crucial pour maintenir un portefeuille équilibré.

L'analyse fondamentale consiste à évaluer la technologie sous-jacente d'une crypto-monnaie, l'expertise de l'équipe, le cas d'utilisation, le potentiel du marché et l'engagement de la communauté. Il permet d'identifier des projets solides avec un potentiel de croissance à long terme.

L'analyse technique consiste à analyser les données historiques sur les prix et les volumes pour prédire les mouvements futurs des prix. Les modèles de graphiques, les indicateurs et l'analyse des tendances sont des techniques couramment utilisées dans l'analyse technique.

VII. Gestiondesrisquesetdisciplineémotionnelle

La mise en œuvre de stratégies de gestion des risques, telles que la définition d'ordres stop-loss, la diversification des investissements et la détermination d'un niveau de risque acceptable, est cruciale pour atténuer les pertes potentielles et protéger le capital d'investissement.

La discipline émotionnelle est essentielle dans l'investissement en crypto-monnaie pour éviter de prendre des décisions impulsives basées sur la peur, la cupidité ou le sentiment du marché. S'en tenir à un plan d'investissement bien défini et éviter les réactions émotionnelles permet de maintenir une approche disciplinée.

VIII. Paysage réglementaire et évolutions du marché

Les gouvernements élaborent activement des cadres réglementaires pour répondre aux problèmes de protection des investisseurs, de blanchiment d'argent et de stabilité des marchés. Comprendre et respecter les réglementations en vigueur est essentiel pour la viabilité et l'acceptation à long terme des crypto-monnaies.

La participation croissante des investisseurs institutionnels, tels que les banques, les hedge funds et les gestionnaires d'actifs, apporte crédibilité, liquidité et acceptation plus large au marché de la cryptographie. L'adoption institutionnelle est un moteur important de la croissance future du marché.

Les progrès technologiques continus, notamment les solutions d'évolutivité, l'amélioration de la confidentialité et les protocoles d'interopérabilité, répondent aux défis critiques du secteur de la cryptographie et contribuent à son développement à long terme.

Réflexions finales sur le potentiel de l'investissement dans les crypto-monnaies

Alors que nous terminons ce livre électronique complet sur l'investissement dans les cryptomonnaies, il est essentiel de réfléchir au potentiel et à l'importance de cette classe d'actifs émergente. Les crypto-monnaies ont transformé le paysage financier, offrant de nouvelles opportunités, remettant en question les systèmes traditionnels et révolutionnant la façon dont nous percevons et interagissons avec l'argent. Dans cette section, nous présenterons nos dernières réflexions sur le potentiel de l'investissement dans les cryptomonnaies, en explorant le pouvoir transformateur de la technologie blockchain, l'évolution du paysage réglementaire, le rôle de l'adoption institutionnelle et les implications plus larges pour la finance mondiale.

I. LepouvoirtransformateurdelatechnologieBlockchain

La technologie blockchain, épine dorsale des crypto-monnaies, permet des transactions décentralisées et transparentes. Il a la capacité de perturber les intermédiaires financiers traditionnels, tels que les banques et les processeurs de paiement, en facilitant les transactions peer-to-peer, en réduisant les coûts et en augmentant l'efficacité.

L'immuabilité de la blockchain garantit l'intégrité des enregistrements de transactions, la rendant ainsi résistante à la fraude et à la falsification. La transparence de la blockchain permet d'améliorer la responsabilité, la confiance et l'audibilité des transactions financières.

La technologie Blockchain a des applications au-delà de la finance. Il peut être utilisé dans la gestion de la chaîne d'approvisionnement, les soins de santé, les systèmes de vote, la protection de la propriété intellectuelle et d'autres domaines où la transparence, la sécurité et la confiance sont essentielles.

II. Paysageréglementaireenévolution

Les crypto-monnaies ont été confrontées à des défis réglementaires en raison de leur nature perturbatrice et de leurs risques potentiels. Les gouvernements et les organismes de réglementation s'efforcent d'équilibrer la protection des consommateurs, la stabilité financière et la promotion de l'innovation.

Des réglementations claires et cohérentes fournissent un cadre pour la protection des investisseurs et la stabilité du marché. La clarté de la réglementation encourage les investisseurs institutionnels et particuliers à participer aux investissements en cryptomonnaies, garantissant ainsi l'intégrité du marché et réduisant les activités frauduleuses.

La nature mondiale des crypto-monnaies nécessite une collaboration entre les pays pour développer des cadres réglementaires cohérents. La collaboration transfrontalière peut harmoniser les réglementations, faciliter les transactions internationales et favoriser la croissance de l'écosystème mondial des crypto-monnaies.

III. Adoptioninstitutionnelleetacceptationgénérale

L'implication des investisseurs institutionnels dans le marché des cryptomonnaies augmente l'efficacité, la crédibilité et la liquidité du marché. L'adoption institutionnelle signale la maturation du secteur et favorise une acceptation plus large parmi les investisseurs particuliers et le grand public.

L'implication institutionnelle stimule le développement d'une infrastructure de marché robuste, notamment des bourses réglementées, des services de garde et des plateformes de négociation de niveau institutionnel. Cette infrastructure améliore l'intégrité, la sécurité et l'accessibilité du marché.

L'intégration du marché des cryptomonnaies et de la finance traditionnelle constitue une étape importante vers l'acceptation générale. Les partenariats entre les sociétés de cryptographie ainsi que les institutions financières traditionnelles, telles que les banques et les processeurs de paiement, facilitent une intégration transparente, améliorant ainsi la liquidité et l'accessibilité.

IV. Implicationspluslargespourlafinancemondiale

En donnant accès aux services financiers aux populations non bancarisées et sous-bancarisées du monde entier, les crypto-monnaies ont le potentiel d'améliorer l'inclusion financière. Un smartphone et une connexion Internet suffisent pour qu'un individu puisse s'engager dans le système financier mondial.

Les crypto-monnaies démocratisent les opportunités d'investissement en supprimant les barrières telles que les restrictions géographiques et les coûts d'entrée élevés. Ils permettent aux individus d'investir dans des projets émergents et des actifs alternatifs, égalisant ainsi les règles du jeu et favorisant l'autonomisation financière.

Les crypto-monnaies remettent en question les systèmes financiers traditionnels en offrant des transactions plus rapides, plus rentables et sans frontières. À mesure que les crypto-monnaies sont de plus en plus acceptées, elles peuvent perturber les modèles bancaires, les systèmes de paiement et les services de transfert de fonds traditionnels.

V. Adopterdespratiquesd'investissementresponsable

Les investisseurs doivent donner la priorité à la formation et à la recherche continues pour rester informés des tendances du marché, des développements technologiques et des changements réglementaires. Comprendre les fondamentaux et les risques associés aux crypto-monnaies est crucial pour prendre des décisions d'investissement éclairées.

Appliquer des stratégies de gestion des risques, telles que la diversification, définir des attentes réalistes et maintenir une perspective à long terme, est essentiel pour faire face à la volatilité inhérente au marché des crypto-monnaies.

Alors que l'écosystème des cryptomonnaies continue d'évoluer, l'innovation responsable est vitale. Le secteur doit donner la priorité à la sécurité, à la confidentialité, à la transparence et au respect des exigences réglementaires afin de renforcer la confiance et la crédibilité auprès des investisseurs, des régulateurs et du grand public.

L'investissement dans les crypto-monnaies recèle un immense potentiel pour façonner l'avenir de la finance et responsabiliser les individus du monde entier. De par sa nature décentralisée et transparente, la technologie blockchain a le pouvoir de perturber les systèmes financiers traditionnels, d'améliorer la transparence et de promouvoir l'inclusion financière. L'évolution du paysage réglementaire, l'adoption institutionnelle et l'acceptation générale sont des facteurs clés qui stimulent la croissance du secteur. Cependant, des pratiques d'investissement responsables, une formation continue et une collaboration entre les acteurs du secteur et les organismes de réglementation sont nécessaires pour garantir un écosystème durable et digne de confiance. À mesure que nous avançons, les investisseurs doivent aborder l'investissement dans les cryptomonnaies dans une perspective à long terme, adopter l'innovation et contribuer au développement positif de cette classe d'actifs transformatrice. Ce faisant, nous pouvons collectivement façonner un avenir dans lequel les crypto-monnaies joueront un rôle important dans la finance mondiale et donneront aux individus les moyens de prendre le contrôle de leur destinée financière.

Merci d'avoir acheté et lu/écouté notre livre. Si vous avez trouvé ce livre utile/utile, prenez quelques minutes et laissez un commentaire sur la plateforme sur laquelle vous avez acheté votre livre. Vos commentaires comptent beaucoup pour nous.